COLLINS
PHRASE BOOKS

DUTCH

Compiled by
R. L. HINTZEN

COLLINS
LONDON AND GLASGOW

First Published 1968
Latest Reprint 1985

Cover photographs
by courtesy of
J. Allan Cash Ltd.
and Van Phillips

ISBN 0 00 433910 X

Printed in Great Britain
Collins Clear-Type Press

CONTENTS

INHOUD

CONTENTS

8

INTRODUCTION

This little book gives a selection of words and phrases to assist the traveller visiting the Netherlands and the Dutch-speaking (Flemish) part of Belgium, when shopping, ordering a meal, or making reservations in a hotel etc.

It also contains a brief explanation of the more essential points of grammar, without pretending to be complete.

Although a pronunciation scheme is included, it may well prove inadequate. In that case the traveller should not hesitate to show the book, and point to the relevant phrase and its translation.

Currency

There are no restrictions to the amount of foreign currency imported into or exported from the Netherlands and Belgium. It is advisable to carry most of the foreign money in international travellers' cheques, but a certain amount of local currency should be available in cash for meals, tips and other incidental expenses. In general travellers' cheques will be accepted in the larger hotels and restaurants and some shops. Otherwise they should be cashed at a bank or exchange bureau. Normally banks are closed on Saturdays and Sundays and they close on weekdays at 4 pm.

Tipping

In Holland a service charge of 15% is always added to bills in hotels and restaurants. There is no need to give an extra tip, unless one wishes to reward special services rendered. In cafés, bars, taxis etc. one should find out whether the service is included or not (*inclusief* or *exclusief*) and if not, add a tip of 10-15% to the total.

Forms of Address

When addressing people to ask the way etc., one should begin with: "Neemt U mij niet kwalijk" (naymt-ū-mei neet 'kwā-lęk,), "Meneer", "Mevrouw", "Juffrouw". (mę-'nayr, mę-'vrou, 'yę-frou).

Meneer is used in addressing adult men.

Mevrouw is used for adult women.

Juffrouw for young ladies and girls.

11

SCHEME OF PRONUNCIATION

This pronunciation scheme is intended for those with no knowledge of foreign languages and the International Phonetic Alphabet. Therefore a system based on English pronunciation has been adopted, suggesting as nearly as possible the pronunciation of Dutch words. The stress should be placed on the syllable immediately after the accent mark: ('). When a word ends in *en* the *n* is not usually pronounced.

Vowels
Dutch vowels are much purer and shorter than in English. The vowels are long when they precede the consonant *r*.
They are shown as follows:

Symbol	English	Dutch
ā	ask	maat (māt)
ay	day	teen (tayn)
e	best	ben (ben)
ee	feet	riet (reet)
i	it	ik (ik)
ō	stone	loon (lōn)
o	of	stop (stop)
oo	foot	broek (brook)
ou	house	fout (fout) and nauw (nou)

a   pronounced as in northern English back, eg Dutch *tak* (tak).

ę   This sound resembles the unstressed "e" at the end of English father, eg *bedoelen* (bę-'doo-lę) or *fut* (fęt).

ū   No equivalent in English. Try to pronounce "ee" with lips forward and firmly rounded as for "oo", eg *stuur* (stūr).

ei   No equivalent in English. Try to pronounce "e", "ay", and "ee" in such rapid succession that the transition is imperceptible, eg *tijd* (teit) or *leid* (leit).

eu   No equivalent in English. Try to pronounce "ay" with lips forward and firmly rounded as for "oo" (same sound as in French peu), eg *deur* (deur).

ui   No equivalent in English. Try to pronounce "e", with mouth wider opened and more aspirated, and "i" in very rapid succession, eg *luid* (luit).

Consonants

The pronunciation of most Dutch consonants is quite similar to the English ones and they are all pronounced, with the exception of the *n* when the word ends in *en*.

For the exceptions the following symbols are used:

ch   as in Scottish loch, eg *genoeg* (chę-'nooch)

y   as in English yes, eg *ja* (yā)

CH The Dutch *ch* is a more guttural version of the Scottish "ch" in loch, eg *lachen* ('laCH-ęn)

r   The Dutch *r* is rolled or trilled

v   The Dutch *v* is more aspirated than the English, somewhere half between the English "v" and "f"

w   The Dutch *w* is more like the English "v", but is less aspirated and must be pronounced with upper teeth on the lower lip

Note: *d* at the end of a word is pronounced as *t*.
      b at the end of a word is pronounced as *p*.

GRAMMATICAL NOTES

Nouns

Dutch nouns are either common gender (originally masculine and feminine) or neuter, eg

      the table — de tafel (common gender)
      the bed — het bed (neuter)

Therefore it is advisable to memorize each noun with its article.

Definite Article

In Dutch the definite article (*the* in English) is either *de* or *het*.

  de (dę) — before a common gender singular noun and all plural
             nouns
  het (het) — before a neuter singular noun
               (all diminutives are neuter)

Examples:

  de man — the man;   de vrouw — the woman;
  de mannen — the men;   het kind — the child;
  de kinderen — the children;   het kindje — the little child;
  het vrouwtje — the little woman.

Indefinite Article

The indefinite article (*a* or *an* in English) in Dutch is *een* (ən).
  The indefinite plural is not preceded by an article.
Examples:

  een man — a man; een vrouw — a woman; een kind — a child;
  mannen — men; vrouwen — women.

Een (ayn) pronounced with an open *ee* (ay) means *one* (the numeral),
which is sometimes indicated by an accent: *één*.

Plural forms

The most usual way of forming the plural of a noun is by adding
-en to the singular. The *n* is usually not pronounced.

  eg   tent — tenten (tent)   schild — schilden (shield)

  The general rule is that the plural does not change the pronunciation
of the singular, therefore:

1. nouns (and also adjectives) with the open vowels *aa*, *oo*, *ee* and *uu*
   followed by a single consonant drop one of those letters in the
   plural, eg
   maan — manen (moon)
   school — scholen (school)
   been — benen (leg)
   muur — muren (wall)

2. nouns with a closed vowel followed by one consonant double this
   consonant, eg
   man — mannen (man)
   bot — botten (bone)
   bel — bellen (bell)

Some exceptions are:

   dag — dagen (day)
   dak — daken (roof)
   schip — schepen (ship)
   lid — leden (member)
   stad — steden (town)

3. nouns with final *s* or *f* have *z* and *v* in the plural, eg
   huis — huizen (house)
   neef — neven (cousin, nephew)

Some exceptions are:

   kers — kersen (cherry)
   kruis — kruisen (cross)
   fotograaf — fotografen (photographer)

4. nouns ending in *-el*, *-em*, *-en*, *-er*, *-erd*, *-aar* and those ending in a vowel form the plural by adding *s*, eg

vleugel — vleugels (wing)
bezem — bezems (broom)
auto — auto's (motorcar)
paraplu — paraplu's (umbrella)

Diminutives

Diminutives are very frequently used in Dutch. They express smallness of size and also endearment or contempt.

The diminutive ending is mostly *-je*, but in other cases *-tje*, *-etje*, *-pje*, or *-kje*, eg

huis — huisje (house); kop — kopje (cup); dier — diertje (animal); vlag — vlaggetje (flag); riem — riempje (strap); woning — woninkje (dwelling).

Adjectives

Dutch adjectives have two forms, one uninflected and one with the unstressed ending *-e*.

The inflected form is used when the adjective precedes the noun, eg

het mooie huis   — the beautiful house
een grote tuin   — a large garden
oude bomen   — old trees

The most important exception to this rule is: the adjective preceding a singular neuter noun is not inflected when it is not preceded by an article (*de* or *het*) or when it is preceded by *een*, eg

groot gevaar   — great danger
een mooi huis   — a beautiful house

Demonstrative Pronouns

This { *dit*, before singular neuter nouns
     { *deze*, before singular common gender nouns

this house — dit huis
this man — deze man

These — *deze*, before all plural nouns
these houses — deze huizen
these men — deze mannen

That { *dat*, before singular neuter nouns
     { *die*, before singular common gender nouns

that house — dat huis
that man — die man

Those — *die*, before all plural nouns
    those houses — die huizen
    those men   — die mannen

Personal Pronouns

As in English, the Dutch Personal Pronouns have a subject form and an object form.

	subject forms	*object forms*
1. sing.	ik (I)	mij (me)
2. sing.	jij, je (you)	jou (you)
	U (you)	U (you)
3. sing.	hij (he)	hem (him)
	zij, ze (she)	haar (her)
	het (it)	het (it)
1. plural	wij, we, (we)	ons (us)
2. plural	jullie (you)	jullie (you)
	U (you)	U (you)
3. plural	zij, ze (they)	hun, hen (them)

eg Ik zag hem — I saw him.

In Dutch the familar *jij* or *je* (second person singular) and *jullie* (second person plural) are only used when addressing near relations, friends and children. When addressing adult strangers one should use the polite form *U*.

Interrogative Pronouns

Wie refers to persons and is used where English has *who* and *whom*:
    Wie heeft dat gedaan? — Who has done that?

For the genitive Dutch mostly uses *van wie*:
    Van wie is dat huis? — Whose house is that?

Wat is neuter and is mainly used where English has *what*:
    Wat heb je gedaan? — What have you done?

Welk is only used with nouns:
    Welk dier is dat? — Which animal is that?

Relative Pronouns

The Dutch relative pronouns are *die* and *dat*. *Dat* only refers to singular neuter nouns:

    De man, die daar loopt — The man who is walking there.
    Het boek, dat ik lees — The book I am reading.

Indefinitve Pronouns

One, they and *people* used indefinitely are translated in Dutch by *men* or *je*:

> Men zegt — People say
> Je kunt het kopen — One can buy it.

Possessive Pronouns

1. sing.	mijn (my)		1. pl.	ons, onze (our)	
2. sing.	jouw (your) familiar		2. pl.	jullie (your) familiar	
	Uw (your) polite			Uw (your) polite	
3. sing.	zijn (his)		3. pl.	hun (their)	
	haar (her)				

Verbs

The whole subject of verbs is much too complicated to be discussed in detail in a phrase book. Therefore only some general rules and a few essential forms of commonly used verbs will be given.

The English Continuous Form is unknown in Dutch and is normally expressed by the Present Tense or by the Imperfect,

> I am going home — Ik ga naar huis
> I was going home — Ik ging naar huis

For a past action either the Imperfect or the Perfect can be used. The Perfect is formed by the Present Tense of *zijn* (to be) or *hebben* (to have) followed by the Past Participle. In conversation the Perfect is the more frequently used form.

	Imperfect	Perfect
I had	ik had	ik heb gehad
I was	ik was	ik ben geweest
I went	ik ging	ik ben gegaan

Dutch does not use *to do* for negative and interrogative sentences, eg

> Do not go — Ga niet.
> Do you go home? — Ga je naar huis?
> Don't talk so much! — Praat niet zo veel!

The Future Tense is formed by using *zullen* (shall) plus the Infinitive of the verb. When it is clear that an action will take place in the future, in Dutch the Present Tense is often used.

> I shall go — Ik zal gaan.
> Tomorrow I'll go — Morgen ga ik.

HEBBEN ('he-bę) — TO HAVE

	Present	Imperfect	Perfect	Future
ik	heb	had	heb gehad	zal hebben
jij, je	hebt	had	hebt gehad	zal, zult hebben
U	hebt, heeft	had	hebt gehad	zal, zult hebben
hij, zij, ze	heeft	had	heeft gehad	zal hebben
wij, we	hebben	hadden	hebben gehad	zullen hebben
jullie	hebben	hadden	hebben gehad	zullen hebben
U	hebt, heeft	had	hebt gehad	zal, zult hebben
zij, ze	hebben	hadden	hebben gehad	zullen hebben

ZIJN (zein) — TO BE

ik	ben	was	ben geweest	zal zijn
jij, je	bent	was	bent geweest	zal, zult zijn
U	bent, is	was	bent, is geweest	zal, zult zijn
hij, zij, ze	is	was	is geweest	zal zijn
wij, we	zijn	waren	zijn geweest	zullen zijn
jullie	zijn	waren	zijn geweest	zullen zijn
U	bent, is	was	bent, is geweest	zal, zult zijn
zij, ze	zijn	waren	zijn geweest	zullen zijn

GAAN (chān) — TO GO

ik	ga	ging	ben gegaan	zal gaan
jij, je	gaat	ging	bent gegaan	zal, zult gaan
U	gaat	ging	bent, is gegaan	zal, zult gaan
hij, zij, ze	gaat	ging	is gegaan	zal gaan
wij, we	gaan	gingen	zijn gegaan	zullen gaan
jullie	gaan, gaat	gingen	zijn gegaan	zullen gaan
U	gaat	ging	bent, is gegaan	zal, zult gaan
zij, ze	gaan	gingen	zijn gegaan	zullen gaan

KUNNEN ('kę-nę) — TO BE ABLE

ik	kan	kon	heb gekund	zal kunnen
jij, je	kan, kunt	kon	hebt gekund	zal, zult kunnen
U	kan, kunt	kon	hebt, heeft gekund	zal, zult kunnen
hij, zij, ze	kan	kon	heeft gekund	zal kunnen
wij, we	kunnen	konden	hebben gekund	zullen kunnen
jullie	kunnen	konden	hebben gekund	zullen kunnen
U	kan, kunt	kon	hebt, heeft gekund	zal, zult kunnen
zij, ze	kunnen	konden	hebben gekund	zullen kunnen

MOGEN ('mō-chę) — MAY

	Present	Imperfect	Perfect	Future
ik	mag	mocht	heb gemoogd	zal mogen
jij, je	mag	mocht	hebt gemoogd	zal, zult mogen
U	mag	mocht	hebt, heeft gemoogd	zal, zult mogen
hij, zij, ze	mag	mocht	heeft gemoogd	zal mogen
wij, we	mogen	mochten	hebben gemoogd	zullen mogen
jullie	mogen	mochten	hebben gemoogd	zullen mogen
U	mag	mocht	hebt, heeft gemoogd	zal, zult mogen
zij, ze	mogen	mochten	hebben gemoogd	zullen mogen

WILLEN ('wi-lę) — TO WANT

	Present	Imperfect	Perfect	Future
ik	wil	wou, wilde	heb gewild	zal willen
jij, je	wilt	wou, wilde	hebt gewild	zal, zult willen
U	wilt	wou, wilde	hebt, heeft gewild	zal, zult willen
hij, zij, ze	wil	wou, wilde	heeft gewild	zal willen
wij, we	willen	wilden	hebben gewild	zullen willen
jullie	willen	wilden	hebben gewild	zullen willen
U	wil	wou, wilde	hebt, heeft gewild	zal, zult willen
zij, ze	willen	wilden	hebben gewild	zullen willen

COMMON WORDS AND PHRASES
VOCABULARY

above, boven ('bō-ve)
after, na (nā)
against, tegen ('tay-che)
all, geheel (che-'hayl)
almost, bijna ('bei-nā)
among, onder, tussen ('on-der, 'te-se)
before, in front of, voor (vōr)
behind, achter ('aCH—ter)
below, onder ('on-der)
beside, naast (nāst)
between, tussen ('te-se)
downstairs, beneden (be-'nay-de)
elsewhere, ergens anders ('er-chens 'an-ders)
enough, genoeg (che-'nooch)
--everybody, iedereen (ee-der-'ayn)
everything, alles ('a-les)
— everywhere, overal (ō-ver-'al)
except, behalve (be-'hal-ve)
far, ver (ver)
for, voor (vōr)
here, hier (heer)
how, hoe (hoo)
how many }
how much } hoeveel (hoo-'vayl)
in, into, in (in)
inside, binnen ('bi-ne)
left, links (links)
less, minder ('min-der)
little, klein, weinig (klein, 'wei-nech)
many, much, veel (vayl)
more, meer (mayr)
— near, dichtbij (diCHt-'bei)
on, op (op)
outside, buiten ('bui-te)
— over there, daarginds (dār-'chins)
right, rechts, goed (reCHts, choot)
somebody, iemand ('ee-mant)
something, iets (eets)
there, daar (dār)
through, door, doorheen (dōr, dōr-'hayn)
too many, much, te veel (te vayl)
towards, naar . . . toe (nār . . . too)
until, tot (tot)

20

upstairs, boven ('bō-vę)
very, erg, zeer (erch, zayr)
when, wanneer (wa-'nayr)
where, waar (wār)
why, waarom (wār-'om)
with, met (met)
without, zonder ('zon-dęr)

POLITE EXPRESSIONS

Yes. No
Ja. Nee
yā. nay

Please. Thank you
Als het U belieft. Dank U
as-t-ū'-bleeft. 'dank-ū

NB *"als het U belieft" is used when something is given to a person.*
"Dank U", in reply to an offer, means: "No, thank you"; if one wishes
to accept the offer, one should say: "Als het U belieft", or better still:
"Ja, graag". (yā, chrāch.)

Good morning
Goede morgen
'choo-dę 'mor-chę

Good afternoon
Goede middag
'choo-dę 'mi-dach

Good evening.   Good night
Goedenavond. Goede nacht
'choo-dęn-'ā-vont. 'choo-dę'naCHt

Goodbye
Tot ziens
tot-'seens

**I beg your pardon ? (*for some-*
thing not heard).**
Wat zegt U?

wat 'secht-ū

Excuse me, I am sorry
Neemt U mij niet kwalijk
'naymt-ū mei neet 'kwā-lęk

Also often used: Pardon
par-'dong

I am very sorry
Het spijt mij zeer
het speit mei zayr

Take my seat, Madam
Wilt U hier zitten, Mevrouw?
wilt-ū heer 'zi-tę, mę-'vrou

Please, sit down
Gaat U zitten
chāt-ū 'zi-tę

Can I help you?   Kan ik U helpen?
           kan ik-ū 'hel-pę

Help yourself   Bedien U zelf. (help u zelf)
       b 'deen ū zelf. (help ū zelf)

How are you?   Hoe gaat het met U?
         hoo chāt ęt met-ū

Very well, and you?   Heel goed, en met U?
         hayl choot. en met-ū

How do you do?   Hoe maakt U het?
         hoo mākt-ū ęt

Allow me to introduce you to ...   Mag ik U voorstellen aan ...
         mach ik ū 'vōr-ste-lę ān ...

Delighted to meet you   Prettig U te ontmoeten
       'pre-tęch ū tę ont-'moo-tę

Am I disturbing you?   Stoor ik U?
        stōr ik ū

Don't worry   Maakt U zich niet bezorgd
      mākt-ū ziCH neet bę-'zorcht

Carry on   Gaat U door
        chāt-ū dōr

Just a minute   Een ogenblikje
       ęn 'ō-chęn-blik-yę

Congratulations   Gefeliciteerd
      chę-fay-lee-see-'tayrt

Your good health!   Gezondheid!
      chę-'zont-heit

You are very kind   Erg vriendelijk van U
     erch 'vreen-dę-lęk van ū

I am very grateful to you   Ik ben U erg dankbaar
     ik ben ū erch 'dank-bār

Thank you for your hospitality Dank U voor Uw gastvrijheid
     dank ū vōr ūw chast-'frei-heit

We had a very good time   We hebben een erg gezellige
                        tijd gehad
    wę 'he-bę ęn erch chę'ze-lę-chę teit chę-'hat

GENERAL DIFFICULTIES

I do not understand you — Ik versta U niet
ik ver-'stä ū neet

Do you speak English? — Spreekt U Engels?
spraykt-ū 'eng-els

I do not speak Dutch — Ik spreek geen Hollands
ik sprayk chayn 'ho-lans

Does anyone speak English? — Spreekt er iemand Engels?
'spraykt-er 'ee-mant 'eng-els

Please speak slowly — Wilt U wat langzamer spreken?
wilt-ū wat 'lang-ä- mer 'spray-ke

Please write it down — Kunt U het opschrijven?
kent-ū het 'op-sCHrei-ve

What does that mean? — Wat betekent dat?
wat be-'tay-kent dat

Can you explain that? — Kunt U dat uitleggen?
kent-ū dat 'uit-le-che

Wait, I am looking for the phrase in this book — Wacht even, ik ben het aan het opzoeken in dit boekje
waCHt 'ay-ve, ik ben het än het 'op-zoo-ke in dit 'book-ye

This book may help you to explain it — Dit boekje zou U kunnen helpen het uit te leggen
dit 'book-ye zou ū 'ke-ne 'hel-pe het uit te 'le-che

Will you read this? — Wilt U dit lezen?
wilt-ū dit 'lay-ze

Where are we going? — Waar gaan we heen?
wär chän we hayn?

Where are you going? — Waar gaat U (ga je) heen?
wär chät-ū (chä-ye) hayn

What is your name? — Hoe heet U (je)?
hoo hayt-ū (ye)

What is your address? — Wat is Uw (jouw) adres?
wat is ūw (you) ä-'dres

I will give you my address — Ik zal U mijn adres geven
ik zal ū mein ä-'dres 'chay-ve

Help! Fire! Thief!	**Help! Brand! Houd de dief!**
	help. brant. hou dę deef
Come quickly and look	**Kom vlug en kijk**
	kom vlęch en keik
My bag has been stolen	**Mijn tas is gestolen**
	mein tas is chę-'stō-lę
This man is following me everywhere	**Deze man volgt mij overal**
	'day-zę man volcht mę 'ō-ver-al
I shall call a policeman	**Ik ga een politieagent roepen**
	ik chā ęn pō-'lee-tsee-ā- 'chent 'roo-pę
Bring a policeman	**Ga een politieagent roepen**
	chā ęn pō-'lee-tsee-ā- 'chen' 'roo-pę
I shall stay here	**Ik zal hier blijven**
	ik zal heer 'blei-vę
Will you help me?	**Wilt U mij helpen?**
	wilt-ū mę 'hel-pę
Beware of . . .	**Pas op voor . . . or: Wacht U voor . . .**
	pas op vōr . . . waCHt ū vōr . . .
What do you want?	**Wat wilt U?**
	wat wilt-ū
Who are you?	**Wie bent U?**
	wee bent-ū
I don't know you	**Ik ken U niet**
	ik ken ū neet
I don't want to speak to you	**Ik wil niet met U praten**
	ik wil neet met ū 'prā-tę
Leave me alone	**Laat me met rust**
	lāt mę met ręst
That will do	**Dat is genoeg**
	dat is chę-'nooch
Go away now	**Ga nu weg**
	chā nū wech
Is this the right way to . . . ?	**Gaat deze weg naar . . . ?**
	chāt 'day-zę wech nār . . .
Please can you tell me . . . ?	**Kunt U me ook zeggen . . . ?**
	kęnt-ū mę ōk 'ze-chę . . .

| Keep straight on | Steeds recht uit |
| | stayts reCHt uit |

| First (second, third) on the right | Eerste (tweede, derde) weg rechts |
| | 'ayr-stẹ ('tway-dẹ, 'der-dẹ) wech rechts |

| Fourth on the left | Vierde weg links |
| | 'veer-dẹ wech links |

| Where can I find . . .? | Waar is . . .? |
| | wār is . . . |

| Where is the toilet? | Waar is het toilet? |
| | wār is het twā-'let |

| Where should one apply? | Tot wie moet men zich wenden? |
| | tot wee moot men ziCH 'wen-dẹ |

| It is very annoying | Het is erg vervelend |
| | het is erch vẹr-'vay-lẹnt |

| It has nothing to do with me | Ik heb er niets mee te maken |
| | ik hep er neets may tẹ 'mā-ke |

| You are mistaken | U vergist zich |
| | ū vẹr-'chist-sich |

| I didn't do it | Ik heb het niet gedaan |
| | ik hep het neet chẹ-'dān |

| What have I done? | Wat heb ik gedaan? |
| | wat hep-ik chẹ-'dān |

| I have not done anything | Ik heb niets gedaan |
| | ik hep neets chẹ-'dān |

| What shall I do? | Wat moet ik doen? |
| | wat moot ik doon |

| I didn't know the rules | Ik kende de bepalingen niet |
| | ik 'ken-dẹ dẹ bẹ-'pāling-ẹ neet |

| I have already paid you | Ik heb U al betaald |
| | ik hep ū al bẹ-'tālt |

| I have paid enough | Ik heb genoeg betaald |
| | ik hep chẹ-'nooch bẹ-'tālt |

| Let me pass | Laat me door |
| | lāt mẹ dōr |

| Where is the police station? | Waar is het politie bureau? |
| | wār is het pō-'lee-tsee bū-'rō |

Where is the British Consulate? Waar is het Britse Consulaat?
wār is het 'brit-se kon-sū-'lāt

MISCELLANEOUS EXPRESSIONS

Look down there (up there) Kijk daar beneden (daarboven)
keik dār be-'nay-de (dār 'bō-ve)

Because. Because of Omdat. Wegens
om-'dat. 'way-chens

That's it Dat is het
dat is het

It's too much. It is too dear Het is te veel. Het is te duur
het is te vayl. Het is te dūr

It's very cheap Het is erg goedkoop
het is erch choot-'kōp

Quickly. Slowly Vlug. Langzaam
vlech. 'lang-zām

Look out! Pas op! or: kijk uit!
pas op   keik uit

Be careful! Wees voorzichtig!
ways vōr-'zich-tech

Come in! Kom binnen!
kom 'bi-ne

Forward. Back Vooruit. Achteruit
'vōr-uit. 'aCH-ter-uit

On this side. On the other side Aan deze kant. Aan de andere kant
ān 'day-ze kant. ān de 'an-de-re kant

As soon as possible Zo gauw mogelijk
zō chou 'mō-che-lek

At the latest Op z'n laatst
op zen lātst

In the meantime Ondertussen, intussen
on-der-'te-se, in-'te-se

I am English Ik ben een Engelsman. (fem. een Engelse)
ik ben en 'eng-els-man. (en 'eng-el-se)

I am British	Ik ben een Brit. (fem. Britse)
	ik ben ęn brit. ('brit-sę)
What is the matter?	Wat is er aan de hand?
	wat is er ān dę hant
Don't forget . . .	Vergeet niet . . .
	ver-'chayt neet . . .
Hardly even	Nauwelijks
	'nou-wę-lęks
I believe so	Ik geloof van wel
	ik chę-'lōf van wel
I don't know	Ik weet het niet
	ik wayt het neet
I don't know anything about it	Ik weet er niets van
	ik wayt ęr neets van
I don't want it	Ik wil het niet hebben
	ik wil het neet 'he-bę
I would rather not	Liever niet
	'lee-vęr neet
I would like to	Graag
	chrāch
I see!	Oh, ja!
	ō, yā
I think so	Ik geloof van wel
	ik chę-'lōf van wel
I don't think so	Ik geloof van niet
	ik chę-'lōf van neet
Is it not?	Is het niet?
	is het neet?
Listen. Look!	Luister. Kijk!
	'luis-tęr. keik
You are right	U (Je) hebt gelijk
	ū (yę) hept chę-'leik
You are wrong	U (Je) hebt ongelijk
	ū (yę) hept 'on-chę-leik
This won't do	Dit gaat niet
	dit chāt neet
On the contrary	Integendeel
	in-'tay-chęn-dayl

More or less	Min of meer
	min of mayr
Not so fast	Niet zo vlug
	neet zō vlęch
Wait a minute, please	Wacht even
	waCHt 'ay-vę
I'm in a hurry	Ik heb haast
	ik hep hāst
What is that for?	Waar is dat voor?
	wār is dat vōr
It is fine (bad) weather	Het is mooi (lelijk) weer
	het is mōy ('lay-lęk) wayr
Very well. That's all	Heel goed. Dat is alles
	hayl choot. dat is 'a-lęs
Whose turn is it?	Wie is er aan de beurt?
	wee is er ān dę beurt
To think of something	Aan iets denken
	an eets 'deng-kę
By chance	Toevallig
	too-'va-lęch
It is not my fault	Het is niet mijn schuld
	het is neet mein sCHęlt
To do one's best	Je best doen
	yę best doon
Like this, like that	Zo
	zō
I am looking for . . .	Ik zoek naar . . .
	ik zook nār
Will this do?	Is het zo goed?
	is het zō choot
What is that?	Wat is dat?
	wat is dat
I want to put this right	Ik wil dit rechtzetten
	ik wil dit reCHt-'ze-tę

POPULAR IDIOMS

It's terribly funny	Het is erg grappig
	het is erch 'chra-pech
You are pulling my leg	U houdt me voor de gek
	ū hout mę vōr dę chek
You exaggerate. Surely not!	U overdrijft. Zeker niet!
	ū ō-vęr-'dreift. 'zay-kęr neet
You don't say!	Nee, toch!
	nay, toCH
You are joking. Joking apart	U maakt grapjes. Zonder gekheid
	ū mākt 'chrap-yęs. 'zon-dęr 'chek-heit
Agreed. O.K.	In orde. Accoord!
	in or-dę. a-'kōrt
Likeable, nice personality	Aardig
	'ār-dęch
It's wonderful, splendid	Het is schitterend, prachtig, heerlijk
	het is 'sCHi-tę-ręnt, 'praCH-tęch, 'hayr-lęk
Encore!	Bis!
	bees
You are crazy	Je bent gek
	yę bent chek
So much the better (worse)	Des te beter (erger)
	des tę 'bay-tęr ('er-chęr)
My pals	Mijn kameraden, maten
	mein kā-mę-'rā-dę, 'mā-tę
He is a jolly nice fellow	Het is een aardige vent
	het is ęn 'ār-dę-chę vent
It's rotten luck	't Is pech
	ęt is peCH
To put one's foot in it	Zich vergalopperen
	zich vęr-chā-lo-'pay-rę
To drop a brick	Een flater begaan
	ęn 'flā-tęr bę-'chān
To do something stupid	Iets doms doen
	eets doms doon

How are things?	Hoe gaat het? *hoo chāt ęt*
Things are going badly	Het gaat slecht *het chāt sleCHT*
I am bored	Ik verveel me *ik vęr-'vayl mę*
What a pity!	Wat jammer! *wat 'ya-męr*
You'll get used to it	U went er wel aan *ū went ęr wel ān*
I don't care tuppence	Het kan me niets schelen *het kan mę neets 'sCHay-lę*
What are you driving at?	Waar doel je op? *wār dool yę op*
He was drunk. Fool	Hij was dronken. Gek *hei was 'drong-kę. chek*
Be quiet! Shut up!	Rustig! Houd je mond! *'ręs-tęch. hout yę mont*
Take it easy! Calm yourself!	Maak je niet druk! *māk yę neet dręk*
That's going too far	Dat gaat te ver. *dat chāt tę ver*
Damn!	Verdomme! *vęr-'do-mę*

PUBLIC NOTICES

Achternaam *'aCH-tęr-nām*	Surname
Attentie! Pas op! *a-'ten-tsee! pas-'op!*	Attention!
Bellen *'be-lę*	Press the bell
Brandweer *'brant-wayr*	Fire brigade
Bezet *bę-'zet*	Engaged
Dames *'dā-męs*	Ladies

Duwen 'dü-we	Push
Geen ingang (uitgang) chayn 'in-chang ('uit-chang)	No entry (exit)
Gevaar che-'vär	Danger
Gevonden voorwerpen che-'von-de 'vor-wer-pe	Lost property office
Handtekening 'hant-tay-ke-ning	Signature
Heren 'hay-re	Gentlemen
Hospitaal hos-p -tāl	Hospital
Ingang 'in-chang	Way in
Inlichtingen, Informatie 'in-liCH-ting-e, 'in-for-mä-tsee	Information
(Gemeubileerde) kamers te huur (che-meu-bee-'layr-de) 'kä-mers te-'hür	Rooms (furnished) to let
Kloppen 'klo-pe	Knock
Koud kout	Cold
Lift (lift) lift	Lift, elevator
Natte verf 'na-te verf	Wet paint
Niet aanraken niet 'än	Do not touch
Nooduitgang 'nōt-uit-chang	Emergency exit
Politie pò-'lee-tsee	Police
Postkantoor 'post-kan-tōr	Post office

School
sCHōl

School

Streng verboden . . .
streng vẹr-'bō-dẹn

Strictly forbidden . . .

Te huur
tẹ-'hūr

To let

Te koop
tẹ-'kōp

For sale

Telefoon
tay-lẹ-'fōn

Telephone

Toilet(ten)
twā-le-t(ẹ)

Lavatories

Trekken
'tre-kẹ

Pull

Uitgang
'uit-chang

Exit

Verboden doorgang
ver-'bō-dẹ 'dōr-chang

No thoroughfare

Verboden toegang
ver-'bō-dẹ 'too-chang

Private, Trespassers will be prosecuted

Verdieping (1ste, 2de)
ver-'dee-ping

Floor (1st, 2nd)

Verzoeke te . . .
vẹr-'zoo-kẹ tẹ

You are requested to . .

Voornaam
'vōr-nām

First name

Vrij
vrei

Vacant

Waarschuwing
wār-sCHū- ing

Warning

Wachtkamer
'waCHt-kā-mẹr

Waiting room

Warm
warm

Warm

Ziekenhuis
'zee-kẹ-huıs

Hospital

DUTCH ABBREVIATIONS

Aank. (*Aankomst*) Arrival
a.u.b. (*Als het u blieft*) Please
b.v. (*bijvoorbeeld*) For example, eg
enz. (*enzovoorts*) And so on, etc.
Geb. (*geboren*) Born
Gebr. (*gebroeders*) Brothers
G.G.D. (*Gemeentelijke geneeskundige dienst*) Municipal Health
  Service
H.K.H. (*Hare Koninklijke hoogheid*) Her Royal Highness
H.M. (*Hare Majesteit*) Her Majesty
Jr. (*Junior*) Junior
Kg. (*kilogram*) Kilogram
KLM (*Koninklijke Luchtvaart Maatschappij*) Royal Dutch
  Airlines
Km. (*kilometer*) Kilometer
N (*Noord*) North
NO (*Noord Oost*) North-East
O (*Oost*) East
ZO (*Zuid Oost*) South-East
Z (*Zuid*) South
ZW (*Zuid West*) South-West
W (*West*) West
NW (*Noord West*) North-West
NB (*Nota Bene*) Note
NL (*Nederland*) The Netherlands
Nr., No. (*nummer*) Number
N.S. (*Nederlandse Spoorwegen*) Dutch Railways
N.V. (*Naamloze Vennootschap*) Limited, Ltd.
p.a. (*per adres*) Care of, c/o
p.k. (*paardekracht*) Horsepower, h.p.
p.p. (*per pond*) Per pound (500 gram)
P.T.T. (*Post, Telegraaf, Telefoon*) General Post Office, G.P.O.
R.S.V.P. (*Répondez, s'il vous plaît*) A reply is requested
Sr. (*Senior*) Senior
Vertr. (*vertrek*) Departure
Z.K.H. (*Zijne Koninklijke Hoogheid*) His Royal Highness

TIME

VOCABULARY

afternoon, de middag ('mi-dach)
always, altijd (al-'teit)
at once, dadelijk ('dā-dẹ-lẹk)
beginning, de aanvang ('ān-vang)
calendar, de kalender (kā-'len-dẹr)
clock, de klok (klok)
daily, dagelijks ('dā-chẹ-lẹks)
day, de dag (dach)
during, gedurende (chẹ-'dū-rẹn-dẹ)
early, vroeg (vrooch)
end, het einde ('ein-dẹ)
evening, de avond ('ā-vont)
first, eerst (ayrst)
fortnight, veertien dagen ('vayr-teen 'dā-chẹ)
hour, het uur (ūr)
last, laatst (lātst)
late, laat (lāt) te laat (tẹ lāt)
midday, middag ('mi-dach)
middle, het midden ('mi-dẹ)
midnight, middernacht (mi-dẹr-'naCHt)
month, de maand (mānt)
morning, de morgen, de ochtend ('mor-chẹ, 'oCH-tẹnt)
never, nooit (nōyt)
next, volgend ('vol-chẹnt)
night, de nacht (naCHt)
now, nu (nū)
often, dikwijls ('dik-wẹls)
sometimes, soms (soms)
soon, gauw (chou)
then, dan (dan)
time, de tijd (teit)
today, vandaag (van-'dāch), heden ('hay-dẹ)
tomorrow, morgen ('mor-chẹ)
tormorrow morning, morgenochtend ('mor-chẹ-'oCH-tẹnt)
week, de week (wayk)
(wrist)watch, het (pols)horloge ((pols)-hor-'lō-zhẹ)
year, het jaar (yār)
yesterday, gisteren ('chis-tẹ-rẹ)
yesterday morning, gisterochtend ('chis-tẹr-'oCH-tẹnt)

CLOCK TIME

Official time tables are issued in 24 hours, eg 20.30u — 8.30 pm, but in ordinary conversation 12-hour reckoning is used.

What is the time?	Hoe laat is het? *hoo lāt is het*
It is one o'clock, two etc.	Het is één uur, twee uur, etc. *het is ayn ūr, tway ūr*
It is a quarter past five	Het is kwart over vijf *het is kwart 'ōvẹr veif*
It is half past nine	Het is half tien *het is half teen*
It is a quarter to four	Het is kwaart voor vier *het is kwart vōr veer*
It is ten to (past) eight	Het is tien voor (over) acht *het is teen vōr ('ō-vẹr) aCHt*
It is twenty past eleven	Het is twintig over elf *het is 'twin-tẹch 'ō-vẹr elf*
or:	Het is tien voor half twaalf *het is teen vōr half twālf*
It is twenty-five to nine	Het is vijf over half negen *het is veif'ō-vẹr half'nay-chẹ*
Two o'clock (a.m.)	Twee uur 's morgens *tway ūr 'smor-chẹns*
Two o'clock (p.m.)	Twee uur in de middag *tway ūr in dẹ 'mi-dach*
Seven o'clock (p.m.)	Zeven uur 's avonds *'zay-vẹ ūr 'sā-vonts*
It is exactly six o'clock	Het is precies zes uur *het is prẹ-'sees zes ūr*
Is that clock right?	Loopt die klok gelijk? *lōpt dee klok chẹ-'leik*
My watch is fast (slow)	Mijn horloge loopt voor (ach-ter) *mein hor-'lō-zhẹ lōpt vōr ('aCH-tẹr)*
It is late	Het is laat *het is lāt*
It is still early	Het is nog vroeg *het is nochvrooch*
It is noon	Het is twaalf uur 's middags *het is twālf ūr 'smi-dachs*

You have plenty of time	U hebt tijd genoeg ū hept teit chẹ-'nooch
Take your time!	Neem er de tijd voor! naym er dẹ teit võr
I have no time	Ik heb geen tijd ik hep chayn teit
We are in a hurry	Wij hebben haast wei 'he-bẹ hãst
Hurry up!	Schiet op! sCHeet op
He is early	Hij is te vroeg hei is tẹ vrooch
He is late	Hij is (te) laat hei is (tẹ) lãt
At the latest	Op z'n laatst op zẹn lãtst
At last	Eindelijk 'ein-dẹ-lẹk
How long does it take to ...?	Hoe lang duurt het tot ...? hoo lang dũrt het tot

DAYS OF THE WEEK

Sunday, Zondag ('zon-dach)
Monday, Maandag ('mãn-dach)
Tuesday, Dinsdag ('dins-dach)
Wednesday, Woensdag ('woons-dach)
Thursday, Donderdag ('don-dẹr-dach)
Friday, Vrijdag ('vrei-dach)
Saturday, Zaterdag ('zã-tẹr-dach)

NB All days of the week have the common gender.

During the day, evening	Overdag, 's avonds õ-vẹr-'dach, 'sã-vonts
At night	's nachts 'snaCHts
This evening, tonight	Vanavond, vannacht van-'ã-vont, va-naCHt

This morning. This afternoon   Vanmorgen. Vanmiddag

van-'mor-chę. van-'mi-dach

All day. The next day   De hele dag. De volgende dag

dę 'hay-lę dach. dę 'vol-chęn-dę dach

Every day   Elke dag

'el-kę dach

Tomorrow morning   Morgen ochtend

'mor-chęn 'oCH-tęnt

The day before yesterday   Eergisteren

'ayr-chis-tę-rę

The day after tomorrow   Overmorgen

'ō-vęr-mor-chę

Last week. Next week   Vorige week. Volgende week

'vō-rę-chę wayk. 'vol-chęn-dę wayk

Last Monday. Next Monday   Afgelopen Maandag. Komende Maandag

'af-chę-lō-pę 'mān-dach. 'kō-męn-dę 'mān-dach

A week on Wednesday   Woensdag over een week

'woons-dach ō-vęr ęn wayk

A week ago   Een week geleden

ęn wayk chę-'lay-dę

A working day   Een werkdag

ęn 'werk-dach

A holiday   Een vrije dag, een feestdag

ęn 'vrei-ę dach, ęn 'fayst-dach

Easter. Whitsuntide   Pasen. Pinksteren

'pā-sę. 'pink-stę-rę

Christmas   Kerstmis

'kers-mis

New Year's Eve   Oudejaarsavond

ou-dę-yārs-'ā-vont

New Year's Day   Nieuwjaarsdag

'neew-yārs--'dach

MONTHS AND SEASONS

January, Januari (yā-nū-'ā-ree)

February, Februari (fay-brū-'ā-ree)

March, Maart (mārt)

April, April (ā-'pril)
May, Mei (mei)
June, Juni ('yū-nee)
July, Juli ('yū-lee)
August, Augustus (ou-'chęs-tęs)
September, September (sep-'tem-bęr)
October, October (ok-'tō-bęr)
November, November (nō-'vem-bęr)
December, December (day-'sem-bęr)
Spring, de lente, het voorjaar (dę 'len-tę, het 'vōr-yār)
Summer, de zomer (dę 'zō-męr)
Autumn, de herfst, het najaar (dę herfst, het 'nā-yār)
Winter, de winter (dę 'win-tęr)

January 1st, March 30th   Eén Januari, dertig Maart
            ayn yā-nū-'ā-ree, 'der-tęch mārt

In spring. In summer   In de lente. In de zomer
            in dę'len-tę. In dę 'zō-męr

In autumn, winter   In de herfst, winter
            in dę herfst, 'win-tęr.

RESTAURANTS AND CAFÉS

The Dutch meals are *het ontbijt* (breakfast), *het middagmaal* or *de koffie-tafel* (lunch) and *het avondmaal* (dinner).

Het ontbijt (ont-'beit) usually consists of tea or coffee, an egg (boiled or fried), rolls and slices of bread with butter, cheese and jam.

Het middagmaal ('mi-dach-'māl) in hotels and restaurants is normally similar to the British lunch, unless one wants to order the typically Dutch *koffietafel* ('ko-fee-tā-fęl). This meal usually starts with a hot or a cold dish which is then followed by bread with butter and a variety of cold meats, cheese, jam etc. Coffee or milk is served with it.

Het avondmaal ('ā-vont-māl) is like the British dinner.

Afternoon tea is not a recognized meal as in Britain, but something like it can be obtained in the larger towns and tourist centres at *tearooms* and *lunchrooms*, where tea, coffee etc. is served together with pastries.

Most cafés and restaurants are open from early in the morning till late at night. Coffee, tea, soft drinks and alcoholic drinks are obtainable at all times of the day. Newspapers and magazines are provided for the use of the customers and one need not feel obliged to leave as soon as one has consumed one's refreshments.

VOCABULARY

ashtray, de asbak ('as-bak)
bar, de bar (bar)
bill, de rekening ('ray-kę-ning)

bottle, de fles (fles)
bowl, de kom (kom)
breakfast, het ontbijt (ont-'beit)
coffee-pot, de koffiepot ('ko-fee-pot)
cold, koud (kout)
cork, de kurk (kęrk)
corkscrew, de kurketrekker (kęr-kę-'tre-kęr)
course, de gang (chang)
cup, het kopje ('kop-yę)
dessert, het nagerecht, het toetje ('nā-chę-reCHt, 'toot-yę)
dinner, het avondmaal ('ā-vont-māl)
dish, het gerecht (chę-'reCHt)
egg-cup, het eierdopje ('ei-yęr-dop-yę)
fork, de vork (vork)
glass, het glas (chlas)
hors d'oeuvre, de hors d'oeuvre, het voorgerecht ('vōr-chę-reCHt)
hungry, hongerig ('hongę-ręch)
knife, het mes (mes)
lunch, het middagmaal ('mi-dach-māl)
     de koffietafel ('ko-fee-tā-fęl)
meal, de maaltijd ('māl-teit)
menu, het menu (mę-'nū)
milkjug, de melkkan ('mel-kan)
napkin, het servet (ser-'vet)
plate, het bord (bort)
saucer, het schoteltje ('sCHō-tęl-tyę)
snack, het hapje ('hap-yę)
spoon, de lepel ('lay-pęl)
supper, het avondeten, het souper ('ā-vont-ay-tę, soo-'pay)
table, de tafel (tā-fęl)
tablecloth, het tafelkleed ('tā-fęl-klayt)
teapot, de theepot ('tay-pot)
teaspoon, het theelepeltje ('tay-lay-pęl-tyę)
thirsty, dorstig ('dor-stęch)
tip, de fooi (fōy)
toothpick, de tandenstoker ('tan-dę-stō-kęr)
waiter, de kelner, de ober ('kel-nęr, 'ō-bęr)
waiter (head), de chef (shef)
waitress, de kelnerin (kel-nę-'rin)
warm, warm (warm)
water jug, de waterkan ('wā-tęr-kan)
wine list, de wijnkaart ('wein-kārt)

DRINK

alcohol, de alcohol ('al-kō-hol)
beer, het bier (beer)
brandy, de cognac (kon-'yak)
burgundy, de bourgogne (boor-'chon-yę)
chocolate, de chololade(melk) (shō-kō-'lā-dę-melk)

cider, de cider ('see-der)
coffee, de koffie ('ko-fee)
gin, de gin (gin)
gin (Dutch), de jenever, genever (ye-'nay-ver)
ice, het ijs (eis)
juice (orange, tomato, pineapple), het sap (sinaasappel, tomaten, ananas) (sap, 'see-näs-a-pel, tō-'mä-te, a-nä-'nas)
lager, de pils (pils)
lemonade, de limonade (lee-mō-'nä-de)
liqueur, de likeur (lee-'keur)
milk, de melk (melk)
mineral water, het mineraal water (mee-ne-'rāl 'wä-ter)
port, de port (port)
rum, de rum (rem)
sherry, de sherry ('she-ree)
soda water, het soda water ('sō-dä 'wä-ter)
water, het water (wä-ter)
whisky, de whiskey ('wis-kee)
wine, de wijn (wein)

FOOD

apple, de appel ('a-pel)
apricot, de abrikoos (ä-bree-'kōs)
artichoke, de artisjok (ar-tee-'syok)
asparagus, de asperge (as-'per-zhe)
bacon, het spek (spek)
banana, de banaan (bä-'nän)
beans, de bonen ('bō-ne)
beef, het rundvlees ('rent-vlays)
biscuit, het kaakje, het koekje ('käk-ye, 'kook-ye)
bread (brown, white), het brood (bruin, wit) (brōt, bruin, wit)
broth, de bouillon (bool-'yon)
butter, de boter ('bō-ter)
cabbage (white, red), de kool (witte, rode) (kōl, 'wi-te, 'rō-de)
cake, het gebak, het taartje (che-'bak, 'tärt-tye)
cake, de cake (kayk)
carrots, de worteltjes ('wor-tel-tyes)
cauliflower, de bloemkool ('bloom-kōl)
celery, de selderij ('sel-de-ree)
cheese, de kaas (käs)
chicken, de kip (kip)
chicory, het Brussels lof ('bre-sels lof)
chops, cutlets, de carbonade, de cotelet (kar-bō-'nä-de, kō-te-'let)
cod, de kabeljauw (kä-bel-'you)
cream, de room (rōm)
cucumber, de komkommer (kom-'ko-mer)
duckling, de eend (aynt)
egg (soft, hard boiled), het ei (zacht, hard gekookte) (ei, zaCHt, hart che-'kōk-te)

egg, fried, het gebakken ei (chę-'ba-kęn ei)
egg, poached, het gepocheerde ei (chę-po-'shayr-dę ei)
egg, scrambled, het roerei ('roor-ei)
endive, de andijvie (an-'dei-vee)
fish, de vis (vis)
fruit, het fruit (fruit)
fruit tart, de vruchtentaart ('vręCH-tę-tärt)
game, het wild (wilt)
garlic, de knoflook ('knof-lōk)
gingerbread, de peperkoek ('pay-pęr-kook)
grapes, de druiven ('drui-vę)
gravy, de jus (zhū)
haddock, de schelvis ('sCHel-vis)
halibut, de heilbot ('heil-bot)
ham (raw, boiled), de ham (rauwe, gekookte) (ham, 'rou-wę, chę-'kōk-tę)
herring, de haring ('hä-ring)
herring, fresh, groene, nieuwe haring ('chroo-nę, 'nee-wę 'hä-ring)
ice, ice cream, het ijsje, het ijs ('eis-yę, eis)
jam, de jam (jam as in English)
kidney, de nier (neer)
lamb, het lamsvlees ('lams-vlays)
leek, de prei (prei)
lemon, de citroen (see-'troon)
lettuce, de sla (slä)
liver, de lever ('lay-vęr)
lobster, de kreeft (krayft)
marmalade, de marmelade (mar-mę-'lä-dę)
meat, het vlees (vlays)
melon, de meloen (mę-'loon)
mushrooms, de champignons (sham-peen-'yons)
mussels, de mosselen ('mo-sę-lę)
mustard, de mosterd ('mos-tęrt)
mutton, het schapevlees ('sCHa-pę-vlays)
oil, corn, de slaolie ('slä-ō-lee)
oil, olive, de olijfolie (ō-'leif-ō-lee)
oil, vegetable, de olie ('ō-lee)
omelette, de omelet (ō-mę-'let)
onions, de uien ('ui-yęn)
orange, de sinaasappel ('see-näs-a-pęl)
oxtail soup, de ossenstaartsoep ('o-sę-stärt-soop)
oysters, de oesters ('oos-tęrs)
parsley, de peterselie (pay-tęr-'say-lee)
partridge, de patrijs (pä-'treis)
peach, de perzik ('per-zik)
pear, de peer (payr)
peas, de erwten ('er-tę)
pepper, peper ('pay-pęr)
pheasant, de fazant (fä-'zant)
pie, de pastei (pas-'tei)
pineapple, de ananas (a-nä-'nas)

plaice, de schol (sCHol)
plum, de pruim (pruim)
pork, het varkensvlees ('var-kens-vlays)
potatoes, de aardappelen ('ärt-a-pe-le)
potatoes, boiled, gekookte aardappelen (che-'kōk-te'ärt-a-pe-le)
potatoes, fried, gebakken aardappelen (che-'ba-ke'ärt-a-pe-le)
potatoes, mashed, de aardappelpuree ('ärt-a-pel-pū-'ray)
poultry, het gevogelte (che-'vō-chel-te)
pudding, de pudding ('pe-ding)
rabbit, het konijn (kō-'nein)
radish, de radijs (rä-'deis)
raisin, de rozijn (rō-'zein)
raspberry, de framboos (fram-'bōs)
rhubarb, de rabarber (rä-'bar-ber)
rice, de rijst (reist)
roll, het broodje ('brōt-ye)
Russian herrings, haringsla ('hä-ring-slä)
Russian salad, huzarensla (hü-'zä-re-slä)
salad, de sla, het slaatje (slä, 'slä-tye)
salad cream, de slasaus ('slä-sous)
salmon, de zalm (zalm)
salt, het zout (zout)
sandwich, de sandwich (sandwich as in English)
sardines, de sardientjes (sar-'deen-tyes)
sauce, de saus (sous)
sausage, de worst (worst)
shrimps, de garnalen (char-'nä-le)
slice of bread, de boterham ('bō-ter-ham)
snails, de slakken ('sla-ke)
sole, de tong (tong)
soup, de soep (soop)
soup, (clear), de bouillon (bool-'yon)
spinach, de spinazie (spee-'nä-zee)
steak, de biefstuk ('beef-stek)
stew, de haché (ha-'shay)
stewed fruit, de compôte (kom-'pot)
strawberries, de aardbeien ('ärt-bei-ye)
sugar, de suiker ('sui-ker)
sweet (after the meal), het toetje ('toot-ye)
sweets, de snoepjes ('snoop-yes)
toast, de toast (as in English)
tomato, de tomaat (tō-'mät)
tongue, de tong (tong)
trout, de forel (fō-'rel)
turbot, de tarbot ('tar-bot)
turkey, de kalkoen (kal-'koon)
turnip, de koolraap ('kōl-räp)
veal, het kalfsvlees ('kalfs-vlays)
vegetable, de groente ('chroon-te)
venison, het wildbraad ('wilt-brät)

vinegar, de azijn (ā-'zein)
whiting, de wijting ('wei-ting)

Can we lunch here, dine here?	Kunnen we hier lunchen, dineren, eten?
	'kę-nę wę heer 'lęn-shę, dee-'nay-rę, 'ay-tę
We would like a table for four (two)	Wij willen graag een tafel voor vier (twee)
	wei 'wi-lę chrāch ęn 'tā-fęl vōr veer (tway)
We are together	Wij horen bij elkaar
	wei 'hō-rę bei el-'kār
We shall come back in an hour	Wij komen over een uur terug
	wei 'kō-mę 'ō-vęr ęn ūr tę-'ręch
Can I have a table near the window?	Kan ik een tafel bij het raam krijgen?
	kan ik ęn 'tā-fęl bei het rām 'krei-chę
I would like to wash my hands	Ik zou graag mijn handen wassen
	ik zou chrāch mein 'han-dę 'wa-sę
The toilet is this way, sir	Het toilet is daar, mijnheer
	het twā-'let is dār, mę-'nayr
Waiter! Waitress!	Ober! Juffrouw!
	'o-bęr. 'yę-frou
At what time is dinner served?	Hoe laat is het diner?
	hoo lāt is het dee-'nay
We don't want a complete meal	Wij willen geen volledige maaltijd
	wei 'wi-lę chayn vo-'lay-dę-chę 'māl-teit
We only want a snack	Wij willen maar een hapje
	wei 'wi-lę mār ęn 'hap-yę
Please bring me the menu	Mag ik het menu?
	mach ik het mę-'nū
Please serve us quickly, we are in a hurry	Kunt U ons vlug bedienen, we hebben haast
	kęnt ū ons vlęch bę-'dee-nę, wę 'he-bę hāst
Which dish do you recommend?	Welk gerecht kunt U ons aanbevelen?
	welk chę-'reCHt kęnt-ū ons 'ān-bę-vay-lę

What kind of soup have you?	Welke soep hebt U?
	'wel-ke soop'hept-ū
Please bring me another knife (fork, spoon, plate)	Kunt U mij nog een mes (vork, lepel, bord) geven?
	'kent -ū mei noch en mes (vork, 'lay-pel, bort) 'chay-ve
Yes, please	Ja, graag
	ya, chrāch
Bring me another helping	Kunt U mij nog een portie geven?
	'kent-ū mei noch en 'por-see 'chay-ve
I would like some fried fish	Ik zou graag gebakken vis willen hebben
	ik zou chrāch che-'ba-ke vis 'wi-le 'he-be
Then we would like roast meat and vegetables	Daarna graag gebraden vlees en groente
	dār-'nā chrāch che-'brā-de vlays en 'chroon-te
Can we have steak and chips?	Kunnen we biefstuk en frites krijgen?
	'ke-ne we 'beef-stek en freet 'krei-che
I like it underdone (medium, well done)	Ik wil het graag rauw (half doorgebakken, goed doorgebakken)
	ik wil het chrāch rou (half 'dōr-che-ba-ke, choot 'dōr-che-ba-ke)
Waiter, bring us some bread	Ober, wilt U wat brood brengen?
	'ō-ber, 'wilt-ū wat brōt 'breng-e
A little more . . ., please	Nog wat . . ., graag
	noch wat . . ., chrāch
Would you like a sweet or some fruit?	Wilt U een toetje of wat vruchten?
	'wilt-ū en 'toot-ye of wat 'vreCH-te
I would like an ice cream, please	Ik wil graag ijs
	ik wil chrāch eis
What would you like to drink?	Wat wilt U drinken?
	wat 'wilt-ū 'dring-ke
Bring us the wine list, please	Mag ik de wijnkaart?
	mach-ik de 'wein-kārt

Can you recommend a good wine?	Kunt U een goede wijn aanbevelen?
	'kent-ū en 'choo-de wein 'ān-be-vay-le
We will have a bottle of local wine (table wine)	Wij willen graag een fles landwijn hebben (tafelwijn)
wei 'wi-le chrāch en fles 'lant-wein 'he-be ('tā-fel-wein)	
I would like a glass of beer (lager, a fruit drink)	Ik zou graag een glas bier (pils, een vruchtensapje) willen hebben
ik zou chrāch en chlas beer (pils, 'vreCH-te-sap-ye) 'wi-le 'he-be	
A glass of iced water (mineral) please	Graag een glas ijswater (mineraal water)
chrāch en chlas 'eis-wā-ter (mee-ne-'rāl 'wā-ter)	
I am very thirsty. I want something refreshing	Ik heb erge dorst. Ik wil graag iets verfrissends
ik hep 'er-che dorst. Ik wil chrāch eets ver-'fri-sents	
Would you like some coffee?	Wilt U koffie?
	'wilt-ū 'ko-fee
We would like black coffee (white coffee, coffee with cream)	Wij willen graag zwarte koffie (koffie met melk, koffie met room)
wei 'wi-le chrāch 'zwar-te 'ko-fee ('ko-fee met melk, 'ko-fee met rōm)	
The bill, please	Mag ik de rekening?
	mach-ik de 'ray-ke-ning?
Is the service included?	Is het inclusief?
	is et 'in-klū-seef
Pay at the desk	Wilt U aan de kassa betalen?
	'wilt-ū ān de 'ka-sā be-'tā-le
Keep the change!	Laat maar zitten!
	lāt mār 'zi-te
There is a mistake in the bill	Er is een vergissing in de rekening
er is en ver-'chi-sing in de 'ray-ke-ning	
Check it, please	Wilt U het controleren?
	'wilt-ū het kon-trō-'lay-re
I made a mistake. I beg your pardon	Ik heb me vergist. Neemt U me niet kwalijk
ik hep me ver-'chist. 'naymt-ū me neet 'kwā-lek	

GENERAL DIFFICULTIES

I want something very simple   Ik wil maar een klein hapje
hebben
ik wil mār ęn klein 'hap-yę 'he-bę

I am on a diet   Ik ben op diëet
ik ben op dee-'yayt

This wine is corked   Deze wijn smaakt naar de
kurk
'day-zę wein smākt nār dę kęrk

Please call the head waiter   Wilt U de chef roepen?
'wilt-ū dę shef 'roo-pę

The food is cold   Het eten is koud
het 'ay-tę is kout

This is not very fresh   Dit is niet erg fris
dit is neet erch fris

This piece is fat   Dit vlees is vet
dit vlays is vet

Give me a lean piece   Wilt U me een mager stuk
geven?
'wilt-ū mę ęn 'mā-chęr stęk 'chay-vę

**While I was dining someone has
taken my ...**   Terwijl ik aan het eten was
heeft iemand mijn ... weg-
genomen
ter-'weil ik ān het 'ay-tę was hayft 'ee-mant mein ... 'wech-chę-nō-mę

**I have left my glasses (watch,
a ring) in the toilet**   Ik heb mijn bril (horloge, een
ring) in het toilet laten
liggen
ik hep mein bril (hor-'lō-zhę, ęn ring) in het twā-'let 'lā-tę 'li-chę

MOTORING

In view of the ever-changing regulations on British cars abroad one is recommended to consult one of the motoring organizations, such as the AA and the RAC when planning a trip to the Netherlands. These organizations will assist in booking passages and provide the necessary papers and arrange for customs facilities. Furthermore it is essential to obtain the International Insurance Certificate (Green Card).

In order to prevent an undesirable ending to a visit to the Netherlands it is advisable to familiarize oneself with the Dutch Highway Code. The general rule of the road on the Continent is to keep to the right and overtake on the left. Another important rule is that traffic coming from the right has right of way, unless otherwise indicated.

Petrol is sold by the litre (*liter*, pronounced: 'lee-ter); one gallon equals about 4½ litres.

Distances and speeds are measured in kilometres (kilometers pronounced: 'kee-lō-may-ters); one English mile equals about 1.6 kilometres.

ROAD SIGNS

Verbal signs are not much used now in the Netherlands but it is important to have at least a basic knowledge of the official road signs before motoring in Holland.

Doodlopende weg 'dōt-lō-pen-de wech	No thoroughfare
Fabrieksuitrit fā-'breeks- 'uit-rit	Factory exit
Glad wegdek bij nat weer chlat 'wech-dek bei nat wayr	Slippery surface in damp weather
Hospitaal 'hos-pee-tāl	Hospital
Inhalen verboden 'in-hā-le ver-'bō-de	No overtaking
Inrijden 'in-rei-de	Running in
Langzaam rijden 'lang-zām 'rei-de	Slow
Max. breedte 'mak-see-mem 'bray-te	Max. width
Max. hoogte 'mak-see-mem 'hōch-te	Max. height
Oversteekplaats rijwielen 'ō-ver-stayk-plāts 'rei-wee-le	Bicycle crossing
Oversteekplaats voetgangers 'ō-ver-stayk-plāts 'voot-chang-ers	Pedestrian crossing
Parkeren toegestaan par-'kay-re 'too-che-stān	Parking
Parkeren verboden par-'kay-re ver-'bō-de	No parking

Rijwielpad 'rei-weel-pat	Cycle track
School sCHōl	School
Steenslag 'stayn-slach	Loose chippings
Verboden inrit ver-'bo-de 'in-rit	No entry
Voetgangers 'voot-chang-ers	Pedestrians
Vrachtauto's, Zwaar verkeer 'vraCHt-ō-tōs, zwār ver-'kayr	Lorries, Heavy traffic
Wegomlegging 'wech-om-le-ching	Diversion
Werk in uitvoering werk in 'uit-voo-ring	Roadworks ahead
Zachte berm 'zaCH-te berm	Soft shoulder

VOCABULARY
GENERAL

bend, de bocht (boCHt)
breakdown, de pech (peCH)
breakdown truck, de takelwagen ('tā-kel-wā-che)
car, de auto ('ō-tō)
caravan, de kampeerwagen, de caravan (kam-'payr-wā-che, 'kā-rā-van)
(car) ferry, het (auto) veer, de pont ('ō-tō-vayr, pont)
corner, de hoek (hook)
crossroads, de kruising ('krui-sing)
cyclist, de fietser, de wielrijder ('feet-ser, 'weel-rei-der)
diversion, de wegomlegging ('wech-om-le-ching)
drive, to, rijden ('rei-de)
driver, de chauffeur (shō-'feur)
driving licence, het rijbewijs ('rei-be-weis)
dual carriageway, de dubbelbaansweg ('de-bel-'bāns-wech)
fine, de boete ('boo-te)
garage, de garage (gā-'rā-zhe)
grease, het vet (vet)
highway code, de verkeersvoorschriften (ver-'kayrs-vōr-'sCHrif-te)
kerb, de trottoirband (tro-'twār-bant)
lamp-post, de lantaarnpaal (lan-'tārn-pāl)
lane, de rijstrook ('rei-strōk)

lorry, de vrachtwagen ('vraCHt-wā-chę)
maximum speed, de maximum snelheid ('mak-see-mę̧m 'snel-heit)
mechanic, de monteur (mon-teur)
motorway, de autoweg ('ō-tō-wech)
oil, de olie ('ō-lee)
parking place, de parkeerplaats (par-'kayr-plāts)
pavement (foot), het trottoir (tro-'twār)
pedestrian, de voetganger ('voot-chang-ęr)
petrol, de benzine (ben-'zee-nę)
petrol station, het benzinestation (ben-'zee-nę sta-'tsyon)
policeman, de politieagent (pō-'lee-tsee ā-'chent)
queue, de file ('fee-lę)
refuge, de vluchtheuvel ('vlę̧CHt-heu-vęl)
repairs, de reparatie (ray-pā-'rā-tsee)
road, de weg, de straat (wech, strāt)
road map, de wegenkaart ('way-chę-kārt)
road service, de wegenwacht ('way-chę-waCHt)
road sign, het verkeersbord (vęr-'kayrs-bort)
skid, to, slippen (sli-pę)
speed limit, de snelheidsbeperking ('snel-heits-bę-'per-king)
street, de straat (strāt)
traffic, het verkeer (vęr-'kayr)
traffic jam, de verkeers opstopping (vęr-'kayrs op-sto-ping)
traffic lights, de verkeerslichten (vęr-'kayrs-liCH-tę)
trailer, de aanhangwagen ('ān-hang-wā-chę)
two-stroke mixture, de mengsmering ('meng-smay-ring)
verge, de berm (berm)

CARS

axle (front, rear), de (voor, achter)as ((vōr, 'aCH-tęr)as)
battery, de accu ('a-kū)
body, de carosserie (kā-ro-sę-'ree)
bolt, de bout (bout)
bonnet, de motorkap ('mō-tęr-kap)
boot, de kofferruimte ('ko-fęr-ruim-tę)
brake (drum, pedal), de rem (remtrommel, rempedaal) (rem ('rem-tro-męl 'rem-pę-'dāl)
brake lining, de remvoering ('rem-voo-ring)
bumper, de bumper ('bęm-pęr)
car (motor), de auto ('ō-tō)
clutch, de koppeling ('ko-pę-ling)
clutch pedal, de koppelingspedaal ('ko-pę-lings-pę-'dāl)
disk brake, de schijfrem ('sCHeif-rem)
door (of car), het portier (por-'teer)
dynamo, de dynamo (dee--'nā-mō)
engine, de motor ('mō-tęr)
exhaust, de uitlaat ('uit-lāt)
file, de vijl (veil)
funnel, de trechter ('treCH-tęr)

gear box, de versnellingsbak (ver-'sne-lings-bak)
gear handle, de versnellingshandel (ver-'sne-lings-'hen-del)
hammer, de hamer ('hā-mer)
handbrake, de handrem ('hant-rem)
headlamps, de koplampen ('kop-lam-pe)
hood, de kap (kap)
horn, de claxon ('klak-son)
hub cap, de wieldop ('weel-dop)
ignition, de ontsteking (ont-'stay-king)
ignition key, het contactsleuteltje (kon-'takt 'sleu-tel-tye)
indicator, de richtingaanwijzer ('riCH-ting-ān-wei-zer)
inner tube, de binnenband ('bi-ne-bant)
jack, de krik (krik)
lever, de hefboom ('hef-bōm)
lights, (head, side, tail), de (kop- stads-, achter-) lichten ((kop, stats, 'aCH-ter) 'liCH-te)
mirror, het spiegeltje ('spee-chel-tye)
number plate, het nummerbord ('ne-mer-bort)
nut, de moer (moor)
oil pressure gauge, de oliedrukmeter ('o-lee-drek 'may-ter)
petrol gauge, de benzinemeter (ben-'zee-ne 'may-ter)
petrol tank, de benzinetank (ben-'zee-ne tenk)
pliers, de tang (tang)
radiator, de radiator (rā-dee-'yā-tor)
reverse, to, achteruit rijden (aCH-ter-'uit- 'rei-de)
rim (of wheel), de velg (velch)
screw, de schroef (sCHroof)
screw, to, schroeven ('sCHroo-ve)
screwdriver, de schroevendraaier ('sCHroo-ve-drā-yer)
shock absorber, de schokbreker ('sCHok-bray-ker)
socket wrench, de inbussleutel ('in-bes 'sleu-tel)
spanner, de steeksleutel (stayk 'sleu-tel)
spare parts, de reservedelen (re-'ser-ve 'day-le)
speedometer, de snelheidsmeter ('snel-heits 'may-ter)
spring, de veer (vayr)
steering wheel, het stuur (stūr)
tank, de tank (tenk)
transmission, de versnelling (ver-'sne-ling)
tubeless tyre, tubeless band ('tyoob-les bant)
tyre, de band (bant)
universal joint, de kruiskoppeling ('kruis-ko-pe-ling)
unscrew, to, losschroeven ('los-sCHroo-ve)
washer, de ring (ring)
wheel (front, rear), het voor-, achterwiel ('vōr-, 'aCH-ter-weel)
wheel (steering), het stuur (stūr)
window (rear), de (achter)ruit (('aCH-ter)ruit)
windscreen, de voorruit (vōr-ruit)
windscreen wipers, de ruitenwissers ('rui-te-'wi-sers)
wing, het spatbord ('spat-bort)

ENGINE

accelerator, de gaspedaal ('chas-pe-'dāl)
air filter, de luchtfilter ('leCHt-fil-ter)
camshaft, de nokkenas ('no-ken-as)
carburettor, de carburator (kar-bū-'rā-tor)
choke, de choke (shōk)
crank-case, het carter ('kar-ter)
crankshaft, de krukas ('krek-as)
cylinder, de cylinder (see-'lin-der)
distributor, de verdeler (ver-'day-ler)
engine, de motor ('mō-ter)
fan, de ventilator (ven-tee-'lā-tor)
fan belt, de ventilatorriem (ven-tee-'lā-tor-reem)
ignition, de ontsteking (ont-'stay-king)
oil filter, het oliefilter ('ō-lee-fil-ter)
oil pump, de oliepomp ('ō-lee-pomp)
petrol pump, de benzinepomp (ben-'zee-ne pomp)
piston, de zuiger ('zui-cher)
piston rings, de zuigerveren ('zui-cher-vay-re)
sparking plug, de bougie (boo-'zhee)
starter, de startmotor ('start-mō-ter)
tappet, de klepstoter ('klep-stō-ter)
valve, de klep (klep)

. . . litres petrol, please	**. . . liter benzine**
. . . 'lee-ter ben-'zee-ne	
Will you check the oil and water?	**Wilt U olie en water controleren?**
'wilt-ū 'ō-lee en 'wā-ter kon-trō-'lay-re	
I want some oil (water)	**Mag ik wat olie (water)**
mach-ik wat 'ō-lee ('wā-ter)	
Blow up the tyres and check the pressure, please	**Wilt U de banden oppompen en de spanning controleren?**
'wilt-ū de 'ban-de 'op-pom-pe en de 'spa-ning kon-trō-'lay-re	
Top up the battery with distilled water	**Wilt U de accu met gedistilleerd water bijvullen?**
'wilt-ū de 'a-kū met che-dis-ti-'layrt 'wa-ter 'bei-ve-le	
Can you wash and grease the car and change the oil?	**Wilt U de auto wassen en olie verversen en doorsmeren?**
'wilt-ū de 'ō-tō 'wa-se en 'ō-lee ver-'ver-se en 'dōr-smay-re	
At what time does the garage close?	**Hoe laat sluit de garage?**
hoo lāt sluit de gā-'rā-zhe	

Can I garage my car for the night (a week)? — Kan ik mijn auto hier van-nacht (voor een week) stal-len?

kan ik mein 'ō-tō heer va-'naCHt (vōr ęn wayk) 'sta-lę

Is the garage open all night? — Is de garage de hele nacht open?

is dę gā-'rā-zhę dę 'hay-lę naCHt 'ō-pę

I want to leave early tomorrow — Ik wil morgen vroeg vertrekken

ik wil 'mor-chę vrooch vęr-'tre-kę

Where should one apply when the garage is closed? — Tot wie moet ik me wenden als de garage gesloten is?

tot wee moot ik mę 'wen-dę als dę gā-'rā-zhę chę-'slō-tę is

I have engine trouble — Ik heb motorpech

ik hep 'mō-tęr-peCH

Do you do repairs? — Doet U reparaties?

'doot-ū ray-pā-'rā-tsees

Can you repair . . .? — Kunt U . . . repareren?

'kęnt-ū . . . ray-pā-'ray-rę

Where is the nearest garage for repairs? — Waar is de dichtst bijzijnde garage voor reparaties?

wār is dę 'diCHts-bei-'zein-dę gā-'rā-zhę vōr ray-pā-'rā-tsees

I have a flat tyre — Ik heb een lekke band

ik hep ęn'le-kę bant

This doesn't work — Dit werkt niet

dit werkt neet

I have had a breakdown — Ik heb pech gehad

ik hep peCH chę-'hat

My car is on the road two kilometres from here — Mijn auto staat langs de weg twee kilometer hier van-daan

mein 'ō-tō stāt langs dę wech tway 'kee-lō-may-tęr heer vān-'dān

Can you send someone? — Kunt U er iemand naar toe-sturen?

'kęnt-ū er 'ee-mant nār'too-stū-rę

Can you tow the car? — Kunt U de auto slepen?

'kęnt-ū dę 'ō-tō 'slay-pę

Can you send a breakdown truck?	Kunt U een takelwagen sturen ?
	'kent-ū en 'tā-kel-wā-che 'stū-re
Do you know what is wrong?	Weet U wat er aan mankeert ?
	'wayt-ū wat er ān mang-'kayrt
The engine needs an overhaul	De motor moet gereviseerd worden
	de 'mō-ter moot che-ray-vee-'sayrt 'wor-de
The tappets need adjusting	De kleppen moeten bijgesteld worden
	de 'kle-pe 'moo-te 'bei-che-stelt 'wor-de
The engine is overheated	De motor is ververhit
	de 'mō-ter ıs 'ō-ver-ver-'hit
It will not start	Hij wil niet starten
	hei wil neet 'star-te
The carburettor is choked	De carburator is verstopt
	de kar-bū-'rā-tor is ver-'stopt
Clean out the carburettor, please	Wilt U de carburator schoonmaken ?
	'wilt-ū de kar-bū-'rā-tor 'sCHōn-mā-ke
The carburettor needs adjusting	De carburator moet bijgesteld worden
	de kar-bū-'rā-tor moot 'bei-che-stelt 'wor-de
The engine is misfiring	De motor slaat over
	de 'mō-ter slāt 'ō-ver
The plugs need cleaning	De bougies moeten schoongemaakt worden
	de boo-'zhees 'moo-te 'sCHōn-che-mākt 'wor-de
I require new plugs	Ik moet nieuwe bougies hebben
	ik moot 'nee-we boo-'zhees 'he-be
The . . . is broken	De . . . is kapot
	de . . . is kā-pot
There is a leak in the . . .	Er is een lek in de . . .
	er is en lek in de . . .
The battery is not charging	De accu laadt niet op
	de 'a-kū lāt neet op
Can you charge my battery?	Kunt U mijn accu opladen ?
	'kent-ū mein 'a-kū 'op-lā-de

English	Dutch
The car is swerving	De auto glijdt weg (de auto remt scheef)

de 'ō-tō gleit wech. (de 'ō-tō remt sCHayf)

The brakes need adjusting — De remmen moeten bijgesteld worden

de 're-me 'moo-te 'bei-che-stelt 'wor-de

There is a rattle I cannot find — Er is een rammel, die ik niet kan vinden

er is en 'ra-mel, dee ik neet kan 'vin-de

What will the repair cost? — Hoeveel kost de reparatie?

hoo-'vayl kost de ray-pā-'rā-tsee

When can I collect the car? — Wanneer kan ik de auto komen ophalen?

wa-'nayr kan ik de 'ō-tō 'kō-me 'op-hā-le

Start! Stop! — Starten! Stoppen!

'star-te, 'sto-pe

Go into second (third, fourth) gear — In de tweede (derde, vierde) versnelling schakelen

in de 'tway-de ('der-de, 'veer-de) ver-'sne-ling sCHä-ke-le

I don't understand the regulations — Ik begrijp de verkeersregels niet

ik be-'chreip de ver-'kayrs-ray-chels neet

Are parking lights necessary? — Zijn parkeerlichten nodig?

zein par-'kayr-'liCH-te 'nō-dech

I have lost all my documents — Ik heb al mijn papieren verloren

ik hep al mein pā-'pee-re ver-'lō-re

I want to hire a car — Ik wil een auto huren

ik wil en ō-tō 'hū-re

For the day only — Alleen voor vandaag

a-'layn vōr van-'dāch

How much is it for the day? — Hoeveel kost het voor één dag?

hoo-'vayl kōst het vō₁ ay₁ dach

Do you know the road to . . .? — Kent U de weg naar . . . ?

'kent-ū de wech nā₁ . . .

We want to tour the district — Wij willen wat in de omgeving rondrijden

wei 'wi-le wat in de om-'chay-ving 'ront-rei-de

Where can we lunch? Waar kunnen we lunchen?
wār 'kẹ-nẹ wẹ 'lẹn-shẹ

We are going to lunch here We gaan hier lunchen
wẹ chān heer 'lẹn-shẹ

TRAVEL

CUSTOMS AND PORTERS

The customs regulations in Holland are generally the same as in the United Kingdom. However, since the import regulations on wines, spirits, tobacco etc. are liable to change, it is advisable to enquire beforehand what the present regulations are. In most cases the staff in the duty-free shops can inform you about the regulations.

Normally the rates for porters are fixed.

The staff on board Dutch ferries, ships and aeroplanes all speak reasonably good English. This also applies to the people in ports and airports, immigration officers, customs officers and porters. Even taxi-drivers will probably understand you.

VOCABULARY

aeroplane, het vliegtuig ('vleech-tuich)
arrival, de aankomst ('ān-komst)
bag, de tas (tas)
boat, de boot (bōt)
camera, de camera ('kā-mẹ-rā)
cigars, de sigaren (see-'chā-rẹ)
cigarettes, de sigaretten (see-'chā-'re-tẹ)
crossing, de overtocht ('ō-vẹr-toCHt)
customs, de Douane (doo-'ā-nẹ)
customs officer, de douanebeambte (doo-'ā-nẹ-bẹ-am-tẹ)
declare, to, aangeven ('ān-chay-vẹ)
departure, het vertrek (ver-'trek)
examine, to, onderzoeken (on-dẹr-'zoo-kẹ)
hat, de hoed (hoot)
key, de sleutel ('sleu-tẹl)
label, de label ('lay-bẹl)
luggage, de bagage (bā-'chā-zhẹ)
number, het nummer, het aantal ('nẹ-mẹr, 'ān-tal)
overcoat, de jas (yas)
parcel, het pakje ('pak-yẹ)
passport, het paspoort ('pas-pōrt)
porter, de kruier ('krui-yẹr)
raincoat, de regenjas ('ray-chẹ-yas)
station, het station (stā-'tsyon)

suitcase, de koffer ('ko-fer)
tobacco, de tabak (tā-'bak)
train, de trein (trein)
trunk, de hutkoffer ('het-ko-fer)
umbrella, de parapluie (pā-rā-'plü)

Porter! Kruier!
'krui-yer

Please take my luggage Wilt U mijn bagage dragen?
wilt-ū mein bā-'chā-zhe 'drā-che

I have four pieces Ik heb vier stuks
ik hep veer steks

There is one suitcase missing Ik mis één koffer
ik mis ayn 'ko-fer

These are not mine Deze zijn niet van mij
'day-ze zein neet van mei

Where are the customs? Waar is de Douane?
wār is de doo-'ā-ne

Have you anything to declare? Hebt U iets aan te geven?
hept-ū eets ān te 'chay-ve

No, I have nothing to declare Nee, ik heb niets aan te geven
nay, ik hep neets ān te 'chay-ve

I have a hundred cigarettes and Ik heb honderd sigaretten en
one bottle of spirits (wine) één fles sterke drank (wijn)
bij me
ik hep 'hon-dert see-chā-'re-te en ayn fles 'ster-ke drank (wein) bei me

I have bought a few souvenirs Ik heb wat souvenirs gekocht
ik hep wat soo-ve-'neers che-'koCHt

Open this suitcase, please Maakt U deze koffer eens open
mākt-ū 'day-ze 'ko-fer ayns 'ō-pe

I cannot open my case Ik kan mijn koffer niet openmaken
ik kan mein 'ko-fer neet 'ō-pe-mā-ke

I have lost my keys Ik ben mijn sleutels kwijt
ik ben mein 'sleu-tels kweit

Have you finished? Bent U klaar?
bent-ū klār

My luggage has been examined Mijn bagage is al onderzocht
mein bā-'chā-zhe is al on-der-'zoCHt

| Please mark these | Wilt U deze nog merken? |
| | wilt-ū 'day-zę noch 'mer-kę |

I cannot find my porter — Ik kan mijn kruier niet vinden
ik kan mein 'krui-yęr neet 'vin-dę

Have you seen porter 153? — Hebt U kruier nummer honderd drie en vijftig gezien?
hept-ū 'krui-yęr 'nę-męr 'hon-dęrt dree en 'veif-tech chę'zeen

I shall meet you on platform four — Ik zie U weer op Perron vier
ik zee ū wayr op pe-'ron veer

How much do I owe you? — Hoeveel ben ik U schuldig?
hoo-'vayl ben ik ū 'sCHęl-dęch

TRAINS

VOCABULARY

Since Holland is only a very small country there are no trains operating during the night. The trains run from about 5.30 a.m. to about 1 a.m., and stations are closed during the off-hours.

At the end of each year a new railway timetable is issued for the following calendar year. They can be obtained at stations and in most bookshops. The times in the timetable are given according to the continental 24-hour system.

There are generally more trains during the summer months than during the rest of the year, and this is indicated in the timetable. Directions for use in different languages, including English, are included in the timetable. There are also timetables put up at the stations and on platforms, but only for the lines in question. The "A" written before the time means arrival (aankomst); the "V" means departure (vertrek). Dutch trains have a first and second class. Normally seats cannot be reserved except on international trains. On the longer stretches the trains have one or more restaurant cars in which one can obtain something to drink (tea, coffee, lemonade, etc.) and snacks like ham or cheese rolls, sausage rolls etc.

booking-office, het (plaatskaarten) loket (('plāts-kār-tę) lō-'ket)
carriage (coach), de wagon (wā-'chon)
communication cord, de noodrem ('nōt-rem)
compartment, de coupé (koo-'pay)
corridor, de gang (chang)
door (on train), het portier (por-'teer)
engine (locomotive), de locomotief (lō-kō-mō-'teef)
enquiry (office), het inlichtingen (bureau) ('in-liCH-ting-ę (bū-rō)
entrance, de ingang ('in-chang)
exit, de uitgang ('uit-chang)
express train, de sneltrein ('snel-trein)

guard, de conducteur (kon-dẹk-'teur)
journey, de reis (reis)
left luggage, het bagage depôt (bā-'chā-zhẹ day-'pō)
level crossing, de spoorwegovergang ('spōr-wech 'ō-vẹr-chang)
lost property (office), het gevonden voorwerpen (bureau) chẹ-'von-dẹ 'vōr-wer-pẹ (bü-'rō)
luggage van, de bagage wagen (bā-'chā-zhẹ 'wā-chẹ)
passenger, de reiziger ('rei-zẹ-chẹr)
platform, het perron (pe-'ron)
platform ticket, het perronkaartje (pe-'ron 'kār-tyẹ)
rack, het bagagerek (bā-'chā-zhẹ rek)
railways, de spoorwegen ('spōr-way-chẹ)
refreshment room, de stationsrestauratie (stā-'tsyons res-tō-'rā-tsee)
restaurant car, de restauratiewagen (res-tō-rā-tsee 'wā-chẹ)
seat, de zitplaats ('zit-plāts)
slow train, de boemel-, stoptrein ('boo-mẹl-, 'stop-trein)
smoking compartment, de rookcoupé ('rōk-koo-pay)
station, het station (stā-'tsyon)
stationmaster, de stationschef (stā-'tsyon-shef)
subway, de tunnel ('tẹ-nẹl)
ticket, het kaartje ('kārt-yẹ)
ticket (single), het enkele-reis kaartje ('eng-kẹ-lẹ-'reis 'kār-tyẹ)
ticket (return), het retourkaartje (rẹ-'toor 'kār-tyẹ)
timetable (general), de dienstregeling ('deenst-ray-chẹ-ling)
timetable (railways), het spoorboekje ('spōr-book-yẹ)
track, de spoorlijn ('spōr-lein)
train, de trein (trein)
waiting-room (first, second class), de wachtkamer (eerste, tweede klasse) ('waCHt-kā-mẹr ('ayr-stẹ, 'tway-dẹ, klas))
window, het raam (rām)

Where is the station?   Waar is het station?

wār is het stā-'tsyon

Where is the booking-office?   Waar is het loket?

wār is het lō-'ket

Two singles second class to Rotterdam   Twee enkele reis tweede klas Rotterdam

tway 'en-kẹ-lẹ reis 'tway-dẹ klas ro-tẹr-'dam

First class return to Amsterdam   Retour eerste klas Amsterdam

rẹ-'toor 'ayr-stẹ klas am-stẹr-'dam

Where can I get a platform ticket?   Waar kan ik een perronkaartje krijgen?

wār kan ik ẹn pe-'ron'kār-tyẹ 'krei-chẹ

Which is the way to the trains?   Hoe kom ik bij de treinen?

hoo kom ik bei dẹ 'trei-nẹ

Which platform does the train go from?

Van welk perron vertrekt de trein?

van welk pę-'ron vęr-'trekt de trein

Is it an express?

Is het een sneltrein?

is het ęn 'snel-trein

When does the train for . . . go?

Wanneer gaat de trein naar . . . ?

wa-'nayr chāt dę trein nār . . .

Is there a restaurant car?

Heeft hij een restauratiewagen?

hayft hei ęn res-tō-'rā-tsee 'wā-chę

Is the train in?

Is de trein al aan?

is dę trein al ān

Is the train busy?

Is de trein vol?

Is dę trein vol

Where is the left-luggage?

Waar is het bagage-depôt?

wār is het bā-chā-zhę-day-'pō

I want to send these bags through to . . .

Ik wil deze koffers naar . . . versturen

ik wil 'day-zę 'ko-fęrs nār . . . vęr-'stū-rę

I want to insure my luggage

Ik wil mijn bagage verzekeren

ik wil mein bā-'chā-zhę vęr-'zay-ke-rę

How much do I have to pay?

Hoeveel moet ik betalen?

'hoo-vayl moot ik bę-'tā-lę

Where is the enquiry office?

Waar is het inlichtingen bureau?

wār is het 'in-liCH-ting-ę bū-'rō

Is this the right train for . . . ?

Is dit de trein naar . . . ?

is dit dę trein nār . . .

Is this seat taken?

Is deze plaats bezet?

is 'day-zę plāts bę-'zet

This seat is taken (unoccupied)

Deze plaats is bezet (vrij)

'day-zę plāts is bę-'zet (vrei)

Excuse me

Neemt U mij niet kwalijk

naymt-ū mei neet 'kwā-lęk

Do you mind if I smoke?

Hebt U er bezwaar tegen als ik rook?

hept-ū er bę-'zwār 'tay-chę als ik rōk

Can you give me a light, please?

Kunt U me een vuurtje geven?

kęnt-ū mę ęn 'vūr-tyę 'chay-vę

May I open the window?   Mag ik het raam openmaken?

mach ik het rām 'ō-pe̦-mā-ke̦

Would you shut the window?   Zoudt U het raam willen sluiten?

zout-ū het rām 'wi-le̦ 'slui-te̦

Tickets, please   (Mag ik) Uw kaartje, als het U belieft

(mach-ik) ūw 'kār-tye̦, as-tū-'bleeft

Here is my ticket   Hier is mijn kaartje

heer is mein 'kār-tye̦

I have lost my ticket   Ik ben mijn kaartje kwijt

ik ben mein 'kār-tye̦ kweit

Where is the guard?   Waar is de conducteur?

wār is de kon-de̦k-'teur

Where do I have to get out?   Waar moet ik er uit?

wār moot ik er uit

What station is this?   Welk station is dit?

welk stā-'tsyon is dit

How long does the train stop here?   Hoe lang stopt de trein hier?

hoo lang stopt de̦ trein heer

Have I time to go to the refreshment room?   Heb ik genoeg tijd om naar de stationsrestauratie te gaan?

hep-ik che̦-'nooch teit om nār de̦ stā-'tsyons res-tō-'rā-tsee te̦ chān

Where is the refreshment room?   Waar is de stationsrestauratie?

wār is de̦ stā-'tsyons res-tō-'rā-tsee

Must I change trains?   Moet ik overstappen?

moot ik 'ō-ve̦r-sta-pe̦

Where must I change?   Waar moet ik overstappen?

wār moot ik 'ō-ve̦r-sta-pe̦

Where does the other train go from?   Waar vertrekt de andere trein?

wār ve̦r-'trekt de̦ 'an-de̦-re̦ trein

Is there an immediate connection?   Is er een directe aansluiting?

is er e̦n dee-'rek-te̦ 'ān-slui-ting

How long have I to wait? Hoe lang moet ik wachten?
hoo lang moot ik 'waCH-te

Does this train go to . . .? Gaat deze trein naar . . .?
chāt 'day-ze trein nār . . .

Does this train pass through . . .? Rijdt deze trein door . . .?
reit 'day-ze trein dōr . .

Does the train stop at . . .? Stopt de trein in . . .?
stopt de trein in . . .

Are we nearly there? Zijn we er al bijna?
zein we er al 'bei-nā

How much longer is it? Hoe lang duurt het nog?
hoo lang dūrt het noch

We are very late Wij hebben veel vertraging
wei 'he-be vayl ver-'trā-ching

We are on time Wij zijn op tijd
wei zein op teit

Where are we now? Waar zijn we nu?
wār zein we nū

Is that near . . .? Is dat dichtbij . . . ?
is dat diCHt-'bei . . .

When do we arrive? Wanneer komen we aan?
wa-'nayr 'kō-me we ān

Porter, take my luggage and find me a taxi Kruier, wilt U mijn bagage mee nemen en een taxi voor me zoeken?
'krui-yer, wilt-ū mein bā-'chā-zhe 'may-nay-me en en 'tak-see vōr me 'zoo-ke

I have missed my train Ik heb mijn trein gemist
ik hep mein trein che-'mist

When will the next train go? Wanneer gaat de volgende trein?
wa-'nayr chāt de 'vol-chen-de trein

I have got into the wrong train Ik ben in de verkeerde trein gestapt
ik ben in de ver-'kayr-de trein che-'stapt

Is there a hotel nearby? Is er een hotel in de buurt?
is er en hō-'tel in de būrt

PLANES

The two international Dutch airports are Amsterdam Airport, called *Schiphol* (sCHip-'hol), and Rotterdam Airport, *Zestienhoven* ('zes-teen-hō-ve).

The flight-time from London to Amsterdam is approx. one hour.

All passengers embarking on international flights are required to pay an airport service charge.

A certain amount of luggage may be taken on the plane free of charge. The regulations of most airlines are standardized in this respect: tourist class passengers are allowed to take 20 kg. (44 lbs.) and first class passengers 30 kg. (66 lbs.). Excess luggage is charged at rates varying with the distance.

Since the staff in Dutch airports and planes and also in airline offices and travel agencies all speak excellent English, this chapter will be very brief.

VOCABULARY

air hostess, de stewardess (as in English)
airline, de luchtvaartmaatschappij ('leCHt-vārt-māt-sCHa-'pei)
airport, het vliegveld ('vleech-velt)
air-sickness, de luchtziekte ('leCHt-zeek-te)
cloud, de wolk (wolk)
control tower, de verkeerstoren (ver-'kayrs-tō-re)
crew, de bemanning (be-'ma-ning)
engine, de motor ('mō-ter)
fog, de mist (mist)
jet aircraft, het straalvliegtuig ('strāl-vleech-tuich)
land, to, landen ('lan-de)
landing, de landing 'lan-ding)
passenger, de reiziger, de passagier ('rei-ze-cher, pa-sā-'zheer)
pilot, de piloot (pee-'lōt)
plane, het vliegtuig ('vleech-tuich)
propeller, de propeller (prō-'pe-ler)
Royal Dutch Airlines, KLM (Koninklijke Luchtvaart Maatschappij) (Kā-el-'em ('kō-nink-le-ke 'leCHt-vārt 'māt-sCHa-'pei)
runway, de landingsbaan ('lan-dings-bān)
seat, de zitplaats ('zit-plāts)
seat back, de leuning ('leu-ning)
seat belt, de veiligheidsriem ('vei-lech-heits-reem)
steward, de steward (as in English)
takeoff, de start (start)
take off, to, starten, afvliegen ('star-te, 'af-vlee-che)
tray, het dienblad ('deen-blat)
window, het raam (rām)
wing, de vleugel ('vleu-chel)

Where is the nearest travel agency?	Waar is het dichtstbijzijnde reisbureau?
	wār is het 'diCHts-bei-'zein-dę 'reis-bū-rō
Where is the BEA (KLM) office?	Waar is het BEA (KLM) kantoor?
	wār is het 'bay-ā (kā-el-'em) kan-'tōr
How do I get to the airport?	Hoe kom ik op het vliegveld?
	hoo kom ik op het 'vleech-velt
To the airport, please	Naar het vliegveld
	nār het 'vleech-velt
The coach (bus) leaves from . . .	De bus vertrekt van . . .
	dę bęs vęr-'trekt van . . .
There is fog at Schiphol	Er is mist op Schiphol
	er is mist op sCHip-'hol

TRAM, COACH, BUS, UNDERGROUND AND TAXI

Public transport in the bigger towns is maintained by buses, trams and taxis. Rotterdam is the first and up till now the only city in Holland to have an underground, *de Metro* ('may-trō). It was completed in 1968. Town maps showing the tram and bus lines can be obtained in Tourist Information Offices or in bookshops.

Communications in the country between smaller towns and villages are generally maintained by buses. Timetables can be obtained at the offices of the bus company, at Tourist Information Offices or in bookshops.

Taxis have meters and usually a higher fare is charged for night journeys, after 11.00 p.m. A tip of 10-15% of the fare is normally given.

VOCABULARY

bus, de (auto)bus (('ō-tō)bęs)
coach, de (auto)bus (('ō-tō)bęs)
conductor, de conducteur (kon-dęk-'teur)
connection, de aansluiting ('ān-slui-ting)
driver, de chauffeur (shō-'feur)
fare, de reiskosten, het tarief ('reis-kos-tę, tā-'reef)
half-fare, halfgeld, half tarief (half-chelt, half-tā-'reef)
line (bus, tram), de (bus-, tram)lijn ((bęs-, trem)lein)
stop (bus, tram), de (bus-, tram)halte ((bęs, trem)'hal-tę)
taxi, de taxi ('tak-see)
taxi rank, de taxi standplaats ('tak-see 'stant-plāts)
terminus, de eindhalte ('eint-hal-tę)

ticket, het kaartje ('kār-tye)
Tourist Information Office, V.V.V. = Vereniging voor Vreemdelingen Verkeer (vay.vay.'vay) *or*: vęr-'ay-nee-ching vōr 'vraym-dę-ling-ę vęr-'kayr
tram, de tram (trem)

Would you be so good as to direct me to . . . ?
Wilt U zo vriendelijk zijn mij de weg naar . . . te wijzen ?
wilt-ū zō 'vreen-dę-lęk zein mei dę wech nār . . tę 'wei-zę

Can I walk or must I take a taxi?
Kan ik het lopen of moet ik een taxi nemen ?
kan ik het 'lō-pę of moot ik ęn 'tak-see 'nay-mę

Can I go by bus (tram, underground)?
Kan ik met een bus (een tram, de metro) gaan ?
kan ik met ęn bęs (ęn trem, dę 'may-trō) chān

Where is the nearest bus (tram) stop?
Waar is de dichtstbijzijnde bus (tram) halte ?
wār is dę 'diCHts-bei-'zein-dę bęs (trem) 'hal-tę

Where is the nearest tube station?
Waar is het dichtstbijzijnde metrostation ?
wār is het 'diCHts-bei-'zein-dę 'may-trō stā-'tsyon

Which bus (tram) do I have to take?
Welke bus (tram) moet ik nemen ?
'wel-kę bęs (trem) moot ik 'nay-mę

Does this bus (tram) go to . . . ?
Gaat deze bus (tram) naar . . . ?
chāt 'day-zę bęs (trem) nar . . .

Do you pass . . . ?
Gaat U langs . . . ?
chāt-ū langs .

Do you go near . . . ?
Komt U in de buurt van . . . ?
komt-ū in dę bürt van . . .

Where do I have to get off?
Waar moet ik uitstappen ?
wār moot ik 'uit-sta-pę

I want to get off at . . .
Ik wil bij . . . uitstappen
ik wil bei . . . 'uit-sta-pę

Do I have to change?
Moet ik overstappen ?
moot ik 'ō-vęr-sta-pę

Which line do I have to take then ?
Welke lijn moet ik dan nemen ?
'wel-kę lein moot ik dan 'nay-mę

At the next stop	Bij de volgende halte
	bei de 'vol-chen-de 'hal-te
Is this the terminus?	Is dit de eindhalte?
	is dit de 'eint-hal-te
Call me a taxi	Kunt U een taxi voor me roepen?
	kent-ū en 'tak-see vōr me 'roo-pe
Please drive to ...	Wilt U me naar ... rijden?
	wilt-ū me nār ... 'rei-de
Go quickly, I am in a hurry	Wilt U vlug rijden, ik heb haast?
	wilt-ū vlech 'rei-de, ik hep hāst
Please wait here for a few minutes	Wilt U hier even wachten?
	wilt-ū heer 'ay-ve 'waCH-te

HOTELS

When going to Holland it is advisable to make reservations well in advance, especially if one wants to go during the holiday season. Quite often one has to book months in advance for hotel accommodation.

Although a letter written in English booking a room will probably be understood in most hotels, it is sometimes better to write in Dutch, especially if one wants to reserve a room in a small hotel out in the country. We therefore give you below, with translation, a sample letter which can easily be adapted to meet different requirements. It is advisable to enclose an International Reply Coupon for a prompt reply. This can be bought from any Post office.

Sample letter booking a room in advance

Dear Sir,

I wish to reserve one (two etc.) single/double room(s) (with bath) for ... nights from the ... (date).

I shall be glad if you will let me know your terms for sleeping accommodation only/half board/full board.

I enclose an International Reply Coupon.

Yours faithfully,

Mijnheer,

Hierbij moge ik één (twee etc.) één/twee persoons kamer(s) (met badkamer) reserveren voor ... nachten vanaf ... (date).

Ik zal het zeer op prijs stellen, indien U mij de prijs kunt mede delen voor een overnachting/half pension/vol pension.

Bijgaand stuur ik U een Internationaal Antwoord Formulier.

Hoogachtend,

If difficulties arise in obtaining accommodation (if one goes without booking) the local V.V.V. (vay vay vay) will be able to assist. If all hotels are fully booked travellers are often lodged in carefully selected private houses.

It should be noted that in most Dutch hotels the price for accommodation is charged per person and that breakfast is included.

VOCABULARY

armchair, de leunstoel ('leun-stool)
bath, het bad (bat)
bathroom, de badkamer ('bat-kā-męr)
bed, het bed (bet)
bedroom, de slaapkamer ('slāp-kā-męr)
bedroom (single), de éénpersoonskamer ('ayn-pęr-sōns-'kā-męr)
bedroom (double), de tweepersoonskamer ('tway-pęr-sōns-'kā-męr)
bedroom (with a double bed), de kamer met een tweepersoonsbed ('kā-męr met ęn 'tway-pęr-sōns-bet)
bedroom (double, with twin beds), de tweepersoonskamer met lits jumeaux ('tway-pęr-sōns-kā-męr met lee-zhū-'mō)
bell, de bel (bel)
bill, de rekening ('ray-kę-ning)
blanket, de deken ('day-kę)
blind, het rolgordijn ('rol-chor-dein)
board (full), volledig pension (vo-'lay-dęch pen-'syon)
board (half), half pension (half pen-'syon)
boarding-house, het pension (pen-'syon)
bulb (electric light), de lamp (lamp)
chair, de stoel (stool)
chambermaid, het kamermeisje ('kā-męr-'meis-yę)
coathanger, de klerenhanger ('klay-rę-'hang-ęr)
cook, de kok (kok)
corridor, de gang (chang)
curtain, het gordijn (chor-'dein)
dining room, de eetkamer, de eetzaal ('ayt-kā-męr, 'ayt-zāl)
eiderdown, het (eiderdonzen) dekbed (('ei-yęr-don-zę) 'dek-bet)
floor, de verdieping, de vloer (vęr-'dee-ping, vloor)
hotel, het hotel (hō-'tel)
hotel-keeper, de hotelier (hō-tęl-'yay)
hot-water bottle, de (warmwater) kruik ((warm-'wā-tęr) kruik)
key, de sleutel ('sleu-tęl)
kitchen, de keuken ('keu-kę)
landing, het trapportaal ('tra-por-tāl)
lavatory, het toilet, de W.C. (twā-'let, way-'say)
lift, de lift (as in English)
manager, de gérant (zhay-'rang)
mattress, de matras (mā-'tras)
office, het kantoor (kan-'tōr)
page-boy, de piccolo ('pee-kō-lō)

pedestal, het nachtkastje ('naCHt-kas-yẹ)
pillow, het (hoofd) kussen (('hōft)-'kẹ-sẹ)
plug (electric), de stekker ('ste-kẹr)
porter (night), de (nacht) portier (('naCHt)-por-'teer)
power point, het stopcontact ('stop-kon-takt)
press, to, drukken ('drẹ-kẹ)
proprietor, de eigenaar ('ei-chẹ-nār)
radiator, de radiator (rā-dee-'yā-tor)
reading-lamp, het leeslampje ('lays-lamp-yẹ)
reception, de receptie (rẹ-'sep-see)
reserve, to, reserveren (ray-ser-'vay-rẹ)
service, de bediening (bẹ-'dee-ning)
sheet, het laken ('lā-kẹ)
shower, de douche (doosh)
shutter, het (venster)luik (('ven-stẹr)luik)
sitting-room, de zitkamer ('zit-kā-mẹr)
staircase, de trap (trap)
switch (light), de (licht)schakelaar ((liCHt)'sCHā-kẹ-lār)
table, de tafel ('tā-fẹl)
tap, de kraan (krān)
tap (hot), de warmwaterkraan ('warm-wā-tẹr krān)
tap (cold), de koudwaterkraan ('kout-wā-tẹr krān)
terrace, het terras (te-'ras)
tip, de fooi (fōy)
Tourist Information Office, V.V.V. = Vereniging voor Vreemdelingen Verkeer, vay vay vay (vẹr-'ay-nee-ching võr 'vraym-dẹ-ling-ẹ vẹr-'kayr)
towel, de handdoek ('han-dook)
wardrobe, de (kleren)kast (('klay-rẹ)kast)
wash-basin, de wastafel ('was-tā-fẹl)
window, het raam (rām)

Can you recommend a small hotel?   **Kunt U me een klein hotel aanbevelen?**

kẹnt-ū mẹ ẹn klein hō-'tel 'ān-bẹ-vay-lẹ

Which one is the best?   **Welk (hotel) is het beste?**

welk (hō-'tel) is het 'bes-tẹ

Where is the reception (office)?   **Waar is de receptie (het kantoor)?**

wār is dẹ ray-'sep-see (het kan-tōr)

Have you any rooms vacant?   **Hebt U nog kamers vrij?**

hept-ū noch 'kāmẹrs vrei

Can you recommend another hotel?   **Kunt U een ander hotel aanbevelen?**

kẹnt-ū ẹn 'an-dẹr hō-tel 'ān-bẹ-vay-lẹ

Can I have a room for the night? Kan ik een kamer voor van-
nacht krijgen?

kan ik ẹn 'kā-mẹr võr va-'naCHt 'krei-chẹ

I want a single (double) room Ik wil graag een eenpersoons-
kamer (tweepersoonskamer)

ik wil chrāch ẹn 'ayn-pẹr-sõns 'kā-mẹr ('tway-pẹr-sõns 'kā-mẹr)

**I intend to stay for a week
(fortnight) at least** Ik ben van plan minstens een
week (veertien dagen) te
blijven

ik ben van plan 'min-stẹns ẹn wayk ('vayr-teen 'dā-chẹ) tẹ 'blei-vẹ

**I am only staying for two or
three days (the weekend)** Ik blijf maar twee of drie
dagen (voor het weekend)

ik bleif mār tway of dree 'dā-chẹ (võr het 'week-ent)

**I want a room with two beds
(a double bed)** Ik wil graag een kamer met
twee bedden (een tweeper-
soonsbed)

ik wil chrāch ẹn 'kā-mer met tway 'be-dẹ (ẹn 'tway-pẹr-sõns bet)

Is there a lift? Is er een lift?

Is er ẹn lift

**Have you got one on the first
floor (ground floor)?** Hebt U er een op de eerste
verdieping (beneden verdie-
ping)?

hept-ū er ayn op dẹ 'ayr-stẹ vẹr-'dee-ping (bẹ'nay-dẹ vẹr-'dee-ping)

**Have you a room with a private
bathroom?** Hebt U een kamer met (eigen)
badkamer?

hept-ū ẹn 'ka-mẹr met ('ei-chẹ) 'bat-kā-mẹr

Can I see the room? Mag ik de kamer zien?

mach ik dẹ 'kā-mẹr zeen

I don't like this room Ik ben niet tevreden over deze
kamer

ik ben neet tẹ-'vray-dẹ 'õ-vẹr 'day-zẹ 'kā-mẹr

**I don't want a room looking on
to the street** Ik wil geen kamer aan de
straat

ik wil chayn 'kā-mẹr ān dẹ strāt

**The noise prevents me from
sleeping** Ik kan niet slapen door het
lawaai

ik kan neet 'slā-pẹ dõr het lā-'wāy

I want a quiet room Ik wil een rustige kamer

ik wil ęn 'ręs-tę-chę 'kā-męr

Have you a room looking on to the sea (garden, river)? Hebt U een kamer met uitzicht op zee (aan de tuinkant, met uitzicht op de rivier)?

hept-ū ęn 'kā-męr met 'uit-ziCHt op zay (ān dę 'tuin-kant, met 'uit-ziCHt op dę ree-'veer)

If you can't give me something better I shall have to look elsewhere Als U niets beters hebt, moet ik ergens anders gaan zoeken

als ū neets 'bay-tęrs hept moot ik 'er-chęns 'an-dęrs chān 'zoo-kę

What is the price of this room? Wat kost deze kamer?

wat kost 'day-zę 'kā-męr

Have you anything cheaper? Hebt U geen goedkopere kamer?

hept-ū chayn choot-'kō-pę-rę 'kā-męr

What are the terms with full board? Wat is de prijs voor volledig pension?

wat is dę preis vōr vo-'lay-dęch pen-'syon

How much is bed and breakfast? Hoeveel is een kamer met ontbijt?

hoo-'vayl is ęn 'kā-męr met ont-'beit

Have you a restaurant? Hebt U een restaurant?

hept-ū ęn res-tō-'rang

I will take this room Ik neem deze kamer

ik naym 'day-zę 'kā-męr

Have my (our) luggage taken up Wilt U mijn (onze) bagage naar boven laten brengen?

wilt-ū mein ('on-zę) bā-chā-zhę nār 'bō-vę 'lā-tę 'breng-ę

Where is the toilet (bathroom)? Waar is het toilet (de bad-kamer)?

wār is het twā-'let (dę 'bat-kā-męr)

I should like another blanket (pillow) Ik zou graag nog een deken (kussen) willen hebben

ik zou chrāch noch ęn 'day-kę ('kę-sę) 'wi-lę 'he-bę

Will you bring me some hot water (soap, towels)? Wilt U me wat warm water (zeep, handdoeken) brengen?

wilt-ū mę wat warm 'wā-tęr (zayp, 'han-doo-kę) 'breng-ę

Will you fill a hot-water bottle, please?	Wilt U een kruik voor me maken?
	wilt-ū ęn kruik vŏr mę 'mā-kę
I want to have a hot bath	Ik zou graag een warm bad nemen
	ik zou chrāch ęn warm bat 'nay-mę
There are no towels in the bathroom	Er zijn geen handdoeken in de badkamer
	er zein chayn 'han-doo-kę in dę 'bat-kā-męr
Have you made the bed?	Hebt U het bed opgemaakt?
	hept-ū het bet 'op-chę-mākt
The sheets on this bed are damp	De lakens op dit bed zijn klam
	dę 'lā-kęns op dit bet zein klam
This room is not clean	Deze kamer is niet schoon
	'day-zę 'kā-męr is neet sCHōn
Please close (open) the window (the blind, the shutters)	Wilt U het raam (het rolgordijn, de luiken) sluiten (openmaken)?
	wilt-ū het rām (het 'rol-chor-dein, dę 'lui-kę) 'slui-tę ('ō-pę-mā-kę)
It is cold (hot) in the room	Het is koud (warm) in de kamer
	het is kout (warm) in dę 'kā-męr
The radiator is not working	De radiator werkt niet
	dę rā-dee-'yā-tor werkt neet
The radiator is too hot	De radiator is te warm
	dę rā-dee-'yā-tor is tę warm
The light is very poor	Het licht is erg slecht
	het liCHt is erch sleCHt
This bulb is broken	Deze lamp is kapot
	'day-zę lamp is kā-'pot
Is there a plug for my electric razor?	Is er een stopcontact voor mijn electrisch scheerapparaat?
	is er ęn 'stop-kon-takt vŏr mein ay-'lek-trees 'sCHayr-a-pā-rāt
What is the voltage?	Wat is het voltage?
	wat is het vol-'tā-zhę
I am going to bed (at once)	Ik ga (direct) naar bed
	ik chā (dee-'rekt) nār bet

Wake me at seven, please

Wilt U me om zeven uur wekken?
wilt-ū mę om 'zay-vę ūr 'we-kę

Who is there?

Wie is daar?
wee is dār

What time is it?

Hoe laat is het?
hoo lāt is ęt

Wait a minute

Wacht even
waCHt 'ay-vę

Come in!

Binnen!
'bi-nę

Don't disturb me in the morning

Wilt U me morgen niet wekken?
wilt-ū mę 'mor-chę neet 'we-kę

Can I have breakfast in my room?

Kan ik ontbijt op bed krijgen?
kan ik ont-'beit op bet 'krei-chę

Bring me some hot shaving water

Wilt U me warm scheerwater brengen?
wilt-ū mę warm 'sCHayr-wā-tęr 'breng-ę

Are there any letters for me?

Zijn er brieven voor mij?
zein er 'bree-vę vōr mei

Has anyone asked for me?

Heeft er iemand naar me gevraagd?
hayft er 'ee-mant nār mę chę-'vrācht

Did anyone ring up for me?

Heeft er iemand voor mij gebeld?
hayft er 'ee-mant vōr mei chę-'belt

I am expecting a gentleman (lady)

Ik verwacht een heer (dame)
ik vęr-'waCHt ęn hayr ('dā-mę)

Please send him (her) up at once

Wilt U hem (haar) direct naar boven sturen?
wilt-ū hem (hār) dee-'rekt nār 'bō-vę 'stū-rę

If anyone asks for me, please tell them to wait

Als iemand naar me vraagt, wilt U hem vragen te wachten?
als 'ee-mant nār mę vrācht, wilt-ū hem 'vrā-chę tę 'waCH-tę

I am going out	Ik ga uit
	ik chā uit
I shall be back at three	Ik zal om drie uur terug zijn
	ik zal om dree ūr te-'rech zein
Shall I be able to get anything to eat on my return?	Kan ik nog iets te eten krijgen, als ik terug kom?
	kan ik noch eets te 'ay-te 'krei-che als ik te-'rech kom
The chambermaid never comes when I ring	Het kamermeisje komt nooit als ik bel
	het 'kā-mer-meis-ye komt nōyt als ik bel
I have lost ... in my room	Ik ben ... in mijn kamer kwijtgeraakt
	ik ben ... in mein 'kā-mer 'kweit-che-rākt
Will you look for it, please?	Wilt U er naar zoeken?
	wilt-ū er nār 'zoo-ke
Please bring me a bottle of mineral water	Wilt U me een fles mineraal-water brengen?
	wilt-ū me en fles mee-ne-'rāl 'wā-ter 'breng-e
Please have these shoes cleaned	Wilt U deze schoenen laten poetsen?
	wilt-ū 'day-ze sCHoo-ne 'lā-te 'poot-se
My shoes are damp. Please have them dried	Mijn schoenen zijn nat. Kunt U ze laten drogen?
	mein 'sCHoo-ne zein nat. kent-ū ze 'lā-te 'drō-che
These shoes are not mine	Deze schoenen zijn niet van mij
	'day-ze 'sCHoo-ne zein neet van mei
I left my shoes here; where are they now?	Ik heb mijn schoenen hier neergezet; waar zijn ze nu?
	ik hep mein 'sCHoo-ne heer 'nayr-che-zet; wār zein ze nū
Please have my suit dried and pressed	Kunt U mijn pak laten drogen en persen?
	kent-ū mein pak 'lā-te 'drō-che en 'per-se
Have you any English news-papers?	Hebt U Engelse kranten?
	hept-ū 'eng-el-se 'kran-te
Bring me some paper and en-velopes	Kunt U me wat schrijfpapier en enveloppen brengen?
	kent-ū me wat 'sCHreif-pā-peer en en-ve-'lo-pe 'breng-e

What does it cost to send a letter to . . .?	Wat kost het om een brief naar . . . te sturen?
	wat kost het om ęn breef nār . . . tę 'stū-rę
I want some stamps	Mag ik wat postzegels?
	mach ik wat 'po-say-chęls
Give me two 20 cent and three 40 cent stamps	Geeft U mij twee postzegels van twintig en drie van veertig cent
	chayft-ū mei tway 'pos-say-chęls van 'twin-tęch en dree van 'vayr-tęch sent
I want to send a telegram	Ik wil een telegram sturen
	ik wil ęn tay-lę-'chram 'stūr-rę
I want to telephone	Ik wil graag opbellen
	ik wil chrāch 'op-be-lę
Where can I buy . . .?	Waar kan ik . . . kopen?
	wār kan ik . . . 'kō-pę
Do you have a railway time-table?	Hebt U een spoorboekje?
	hept-ū ęn 'spōr-book-yę
Please send the page-boy	Wilt U de piccolo laten komen?
	wilt-ū dę 'pee-kō-lō 'lā-tę 'kō-mę
Where can I post a letter?	Waar kan ik een brief posten?
	wār kan ik ęn breef 'pos-tę
Where should I leave my key?	Waar moet ik mijn sleutel laten?
	wār moot ik mein 'sleu-tęl 'lā-tę
When does the hotel close?	Hoe laat sluit het hotel?
	hoo lāt sluit het hō-'tel
Is it open all night?	Blijft het de hele nacht open?
	bleift het dę 'hay-lę naCHt 'ō-pę
We shall not be here for lunch (dinner) today (tomorrow)	Wij zullen vandaag (morgen) niet aan de lunch (het diner) zijn
	wei 'zę-lę van-'dāch ('mor-chę) neet ān dę lęnsh (het dee-'nay) zein
We wish to dine a little earlier (later) today	Wij willen vandaag een beetje vroeger (later) eten
	wei 'wi-lę van-'dāch ęn 'bay-tyę 'vroo-chęr ('lā-tęr) 'ay-tę
We shall be four for dinner this evening	Wij zullen vanavond aan het diner met ons vieren zijn
	wei 'zę-lę van-'ā-vont ān het dee-'nay met ons 'vee-rę zein

I've just had a letter (telegram). I must leave at once — Ik heb zojuist een brief (telegram) gekregen. Ik moet direct vertrekken

ik hep zō-'yuist ẹn breef (tay-lẹ-chram) chẹ-'kray-chẹ. ik moot dee-'rekt vẹr-tre-kẹ

I have to leave early tomorrow — Ik moet morgenochtend vroeg vertrekken

ik moot 'mor-chẹ 'oCH-tẹnt vrooch vẹr-'tre-kẹ

I want to see the manager — Kan ik de gérant spreken?

kan ik dẹ zhay-'rang 'spray-kẹ

I am taking . . . the train — Ik ga met de trein van . . .

ik chā met dẹ trein van . . .

I shall need a taxi for the station — Ik wil met een taxi naar het station

ik wil met ẹn 'tak-see nār het stā-'tsyon

How long does it take to the station? — Hoe lang duurt het om naar het station te gaan?

hoo lang dūrt het om nār het stā-'tsyon tẹ chān

Order a taxi (for 9.30), please — Wilt U een taxi (voor half tien) bestellen?

wilt-ū ẹn 'tak-see (vor half teen) bẹ-'ste-lẹ

Get my bill ready, please — Wilt U de rekening opmaken?

wilt-ū dẹ 'ray-kẹ-ning 'op-mā-kẹ

I have not enough Dutch money left — Ik heb niet genoeg Hollands geld meer over

ik hep neet chẹ-'nooch 'ho-lants gelt mayr 'ō-vẹr

Will you take a traveller's cheque? — Aanvaardt U een traveller's cheque?

ān-'vārt ū ẹn traveller's cheque (as in English)

How much does the bill come to? — Hoeveel is de rekening?

hoo-'vayl is dẹ 'ray-kẹ-ning

What are these charges for? — Wat betekenen deze posten?

wat bẹ-'tay-kẹ-nẹ 'day-zẹ 'pos-tẹ

I think you have made a mistake — Ik geloof, dat U zich hebt vergist

ik chẹ-'lōf, dat ū ziCH hept vẹr-chist

We did not have . . . — We hebben . . . niet gehad

wẹ 'he-bẹ . . . neet chẹ-'hat

You said the rooms only cost . . .	U zei, dat de kamers maar . . . kosten

ū zei, dat dę 'kā-męrs mār . . . 'kos-tę

Please give me a receipt	Wilt U mij een kwitantie geven?

wilt-ū mei ęn kwee-'tan-tsee 'chay-vę

Is the service charge included?	Is de bediening inbegrepen?

is dę bę-'dee-ning 'in-bę-chray-pę

Is the taxi there?	Is de taxi er al?

is dę 'tak-see er al

Have my luggage brought down	Wilt U mijn bagage naar beneden laten brengen?

wilt-ū mein bā-'chā-zhę nār bę-'nay-dę 'lā-tę 'breng-ę

Keep this for yourself	Houdt U het maar

hout ū het mār

I have been very comfortable	Ik heb het erg naar mijn zin gehad

ik hep het erch nār mein zin chę-'hat

If any letters come for me, please forward them to . . .	Als er nog brieven voor mij komen, wilt U ze dan door-sturen naar . . .?

als er noch 'bree-vę vōr mei 'kō-mę, wilt-ū zę dan 'dōr-stū-rę nār . . .

Have some sandwiches packed for me to take on the journey	Wilt U wat sandwiches voor me laten klaar maken om mee te nemen?

wilt-ū wat sandwiches (as in English) vōr mę 'lā-tę klār 'mā-kę om may tę 'nay-mę

Here is the key	Hier is de sleutel

heer is dę 'sleu-tęl

Thank you and goodbye	Dank U en tot ziens

dank-ū en tot zeens

NB *For further details of meals in hotels see under Restaurants, page 38.*

LAUNDRY AND CLEANING

For vocabulary see under Shopping: Clothes, page 105.

I have some things to be washed	Ik heb een paar dingen te wassen

ik hep ęn pār 'ding-ę tę 'wa-sę

When can you let me have them back?	Wanneer kan ik ze terug-krijgen?
	wa-'nayr kan ik ze te-'rech 'krei-che

Can you let me have them back tomorrow?	Kan ik ze morgen terug-krijgen?
	kan ik ze 'mor-che te-'rech 'krei-che

I must have them back by Saturday	Ik moet ze Zaterdag terug hebben
	ik moot ze 'zā-ter-dach te-'rech 'he-be

There is one vest short	Er is één hemd te weinig
	er is ayn hemt te 'wei-nech

There is a button missing	Er is een knoop af
	er is en knōp af

Can you replace it?	Kunt U hem weer aanzetten?
	kent-ū hem wayr 'ān-ze-te

This zip-fastener is broken	Deze ritssluiting is kapot
	'day-ze 'rit-slui-ting is kā-'pot

Can you get this mended?	Kunt U dit laten maken?
	kent-ū dit 'lā-te 'mā-ke

I have two pairs of socks to be mended	Ik heb twee paar sokken, die versteld moeten worden
	ik hep tway pār 'so-ke, dee ver-'stelt 'moo-te 'worde

SIGHTSEEING AND SEASIDE

VOCABULARY

air mattress, de luchtmatras ('lecht-mā-tras)
bank, de oever ('oo-ver)
bathe, to, baden ('bā-de)
bathing cap, de badmuts ('bat-mets)
bathing costume, suit, het badpak ('bat-pak)
battlements, de kantelen (kan-'tay-le)
beach, het strand (strant)
beach-chair, de strandstoel ('strant-stool)
beach-hut, het strandhuisje ('strant-huis-ye)
boat, de boot (bōt)
breakers, surf, de branding ('bran-ding)
bridge, de brug (brech)
building, het gebouw (che-'bou)
canal (for shipping), het kanaal (kā-'nāl)

canal (in old towns), de gracht (chraCHt)
canoe, de kano ('kā-nō)
castle, het kasteel (kas-'tayl)
cathedral, de kathedraal (kā-tay-'drāl)
church, de kerk (kerk)
coast, de kust (kęst)
current, de stroom (strōm)
deck-chair, de ligstoel ('lich-stool)
ditch, de sloot (slōt)
dunes, de duinen ('dui-nę)
fish, de vis (vis)
fish, to, vissen ('vi-sę)
gallery, museum, het museum (mū-'say-ęm)
garden, de tuin (tuin)
gate (castle), de poort (pōrt)
gate (garden), het hek (hek)
guide, de gids (chits)
horizon, de horizon ('hō-ree-zon)
interpreter, de tolk (tolk)
jellyfish, de kwal, (kwal)
lake, het meer (mayr)
mill (wind), de molen (wind) ('mō-lę (wint))
moat, de gracht (chraCHt)
national costume, de klederdracht ('klay-dęr-draCHt)
nature reserve, het natuurreservaat (nā-'tūr-ray-ser-'vāt)
paddle, to, pootje baden ('pō-tyę 'bā-dę)
polder, de polder ('pol-dęr)
police station, het politiebureau (pō-'lee-tsee-bū-'rō)
rain, de regen ('ray-chę)
rampart, de (vesting)wal (('ves-ting)wal)
river, de rivier (ree-'veer)
sand, het zand (zant)
sea, de zee (zay)
sea front, de (strand) boulevard ((strant) boo-lę-'vār)
shell, de schelp (sCHelp)
souvenir, de souvenir (soo-vę-'neer)
square, het plein (plein)
street, de straat (strāt)
sun, de zon (zon)
sunshade, de parasol (pā-rā-'sol)
tide, het getij (chę-'tei)
tide (high), het hoogwater, de vloed ('hōch-wā-tęr, vloot)
tide (low), het laagwater, de eb ('lāch-wā-tęr, ep)
town hall, het stadhuis (stat-'huis)
trunks (swimming), de zwembroek ('zwem-brook)
wave, de golf (cholf)
zoo, de dierentuin ('dee-rę-tuin)

Where is the tourist information office?	Waar is de V.V.V.?
	wār is de vay.vay'vay
Have you a list of excursions?	Hebt U een lijst met excursies?
	hept-ū en leist met eks-'ker-sees
How much is this excursion?	Hoeveel kost deze excursie?
	'hoo-vayl kost 'day-ze eks-'ker-see
Where can I get the tickets?	Waar kan ik de kaartjes krijgen?
	wār kan ik de 'kār-tyes 'krei-che
I want two seats for this excursion	Ik wil graag twee plaatsen voor deze excursie
	ik wil chrāch tway 'plāt-se vōr 'day-ze eks-'ker-see
We want to be together	Wij willen graag naast elkaar zitten
	wei 'wi-le chrāch nāst el-'kār 'zi-te
I want an English-speaking guide	Ik wil een graag Engels sprekende gids (rondleider)
	ik wil chrāch en 'eng-els 'spray-ken-de chits ('ront-lei-der)
Can I get a guide-book (town map) in English?	Kan ik een (reis) gids (stadsplan) in het Engels krijgen?
	kan ik en (reis) chits ('stats-plan) in het 'eng-els 'krei-che
What are the places of interest in the town (the neighbourhood)?	Wat zijn de bezienswaardigheden in de stad (de omgeving)?
	wat zein de be-zeens-'wār-dech-hay-de in de stat (om-'chay-ving)
How far is it from here to . . .?	Hoe ver is het van hier naar .. ?
	hoo ver is het van heer nār . . .
Can you direct me to . . .?	Kunt U me de weg wijzen naar . . .?
	kent-ū me de wech 'wei-ze nār . . .
Turn to the right (left)	Ga rechts (links) af
	chā reCHts (links) af
Second (third) on the left (right)	Tweede (derde) weg links (rechts)
	'tway-de ('der-de) wech links (reCHts)
Keep straight on	Steeds recht uit
	stayts reCHt-uit

Can one go on foot?	Kun je het lopen?
	kęn-ye het 'lõ-pę
I was looking for . . . and I went the wrong way	Ik zocht naar . . . en ik nam de verkeerde weg
	ik zoCHt nār . . . en ik nam dę vęr-'kayr-dę wech
I am lost	Ik ben verdwaald
	ik ben vęr-'dwält
Where is the castle (gallery, museum)?	Waar is het kasteel (museum)?
	wār is het kas-'tayl (mū'zay-ęm)
On what days (When) is . . . open to the public?	Op welke dagen (Wanneer) is . . . open (voor bezichtiging)?
	op 'wel-kę 'dä-che is . . . 'õ-pę (võr bę-'ziCH-tę-ching)
What is the entrance fee?	Wat is de toegangsprijs?
	wat is dę 'too-changs-preis
Can we go in?	Kunnen we naar binnen gaan?
	'kę-nę wę nār 'bi-nę chän
Do we have to wait for the next conducted tour?	Moeten we tot de volgende rondleiding wachten?
	'moo-tę wę tot dę 'vol-chęn-dę 'ront-lei-ding 'waCH-tę
We don't need a guide	We hebben geen gids nodig
	wę 'he-bę chayn chits 'nõ-dęch
When is the next tour?	Wanneer is de volgende rondleiding?
	wa-'nayr is dę 'vol-chęn-dę 'ront-lei-ding
How long does it take?	Hoe lang duurt het?
	hoo lang dūrt het
May I take photographs here?	Mag ik hier foto's maken?
	mach ik heer 'fõ-tõs 'mä-kę
Have you any postcards?	Hebt U (prent) briefkaarten?
	hept-ū (prent) 'breef-kär-tę
Did . . . live in this house?	Heeft . . . in dit huis gewoond?
	hayft . . . in dit huis chę-'wõnt
Which is the way to the beach (bulb fields)?	Hoe kom ik op het strand (bij de bollenvelden)?
	hoo kom ik op het strant (bei dę 'bo-lę-vel-dę)
Where can we bathe?	Waar kunnen we baden?
	wār 'kę-nę wę 'bä-dę

| I want to hire a cabin (beach chair) | Ik wil een cabine (strandstoel) huren |
| | ik wil ęn kā-'bee-nę ('strant-stool) 'hū-rę |

| Don't go too far, there is a strong current | Ga niet te ver, er is een sterke stroom |
| | chā neet tę ver, er is ęn 'ster-kę strōm |

| Bathing prohibited | Baden verboden |
| | 'bā-dę vęr-'bō-dę |

| Look out for jellyfish | Pas op voor kwallen |
| | pas op vōr 'kwa-lę |

| Is the water cold? | Is het water koud? |
| | is het 'wā-tęr kout |

| The temperature of the water | De temperatuur van het water |
| | dę tem-pę-rā-'tūr van het 'wā-tęr |

| I only want to sunbathe | Ik wil alleen maar zonnebaden |
| | ik wil a-'layn mār 'zo-nę-bā-dę |

SPORT, GAMES AND ENTERTAINMENT

In golf and tennis the English terms are widely used in Holland.

In theatres and in most cinemas smoking is forbidden. Usually there is a place where one can smoke during the interval. Cinema performances are not, as a rule, continuous, so it is advisable to find out when the film starts and go in at the beginning.

VOCABULARY

SPORT

ball, de bal (bal)
bowling, bowling (as in English)
football match, de voetbalwedstrijd ('voot-bal-wet-streit)
game, het spel (spel)
go shooting (hunting), op jacht gaan (op yaCHt chān)
goal, het doelpunt ('dool-pent)
Golf, Golf (as in English)
   golf, to play, golfen ('gol-fę)
Horse racing, de koersen, de paarderennen ('koor-sę, de 'pār-dę-re-nę)
   bet, de weddenschap ('we-dę-sCHap)
   favourite, de favoriet (fā-vō-'reet)
   (grand)stand, de tribune, (tree-'bū-nę)
   horse, het paard (pārt)
   jockey, de jockey (as in English)
   race-course, de renbaan ('ren-bān)

    sulky, de sulky (as in English)
    tote, de totalisator (tō-tā-lee-'zā-tor)
    trotting match, de harddraverij (hart-drā-vę-'rei)
    winning-post, de eindpaal ('eint-pāl)
hunt(ing), shooting, de jacht (yaCHt)
Ice skating, schaatsen ('sCHāt-sę)
    rink, de ijsbaan ('eis-bān)
    skate, to, schaatsen ('sCHāt-sę)
    skater, de schaatser ('sCHāt-sęr)
    skates, de schaatsen ('sCHāt-sę)
midget gold, midget golf (as in English)
motor-boat, de motorboot ('mō-tęr-bōt)
partner, de partner ('pārt-nęr)
player, de speler ('spay-lęr)
relax to, zich ontspannen (ziCH ont-'spa-nę)
roller-skates, de rolschaatsen ('rol-sCHāt-sę)
Sailing, Zeilen ('zei-lę)
    deck, het dek (dek)
    hull, de romp (romp)
    jetty, de(aanleg)steiger (('ān-lech)-stei-chęr)
    marina, de iachthaven ('yaCHt-hā-vę)
    mast, de mast (mast)
    sail, het zeil (zeil)
    sail. to, zeilen ('zei-lę)
    yacht, het iacht (yaCHt,
score, de stand (stant)
shooting, de iacht (yaCHt)
shot-gun, het iachtgeweer ('yaCHt-chę-wayr)
Skittles, Kegelen ('kay-chę-lę)
    skittle, de kegel ('kay-chęl)
    skittle-alley, de kegelbaan ('kay-chęl-bān)
stadium, het stadion ('stā-dee-yon)
Swimming, Zwemmen ('zwe-mę)
    cubicle, het badhokje ('bat-hok-yę)
    depth, de diept ('deep-tę)
    dive, to, duiken ('dui-kę)
    diving-board, de duikplank ('duik-plank)
    swim, to, zwemmen ('zwe-mę)
    swimming-pool, het zwembad ('zwem-bat)
team (football. hockey), het elftal ('elf-tal)
Tennis, Tennis (as in English)
    doubles, het dubbelspel ('dę-bęl-spel)
    singles, het enkelspel ('enk-ęl-spel)
tournament, het toernooi (toor-'nōy)
Water-skiing, Waterskiën ('wā-tęr-skee-yę)

GAMES

Billiards, Biljarten (bil-'yar-tę)
    billiard ball, de biljartbal (bil-'yart-bal)
    billiard table, de biljarttafel (bil-'yart-tā-fęl)

D.P.B.

cue, de keu (keu)
cue-tip, de pomerans (po-mę-'rans)
Bridge, Bridgen ('brid-zhę)
    ace, de aas (ās)
    card (playing), de speelkaart ('spayl-kārt)
    clubs, klaveren ('klā-vę-rę)
    diamonds, ruiten ('rui-tę)
    dummy, de blinde ('blin-dę)
    hearts, harten ('har-tę)
    king, de koning, de heer ('kō-ning, hayr)
    knave, de boer (boor)
    pack (of cards), het spel kaarten (spel 'kār-tę)
    queen, de koningin, de vrouw (kō-ning-'in, vrou)
    spades, schoppen ('sCHo-pę)
    stake, de inzet ('in-zet)
    trick, de trek, de slag (trek, slach)
    trump (card), de troef(kaart) ('troof(kart))
    trump, to, troeven ('troo-vę)
Chess, Schaken ('sCHā-kę)
    bishop, de loper, de raadsheer ('lō-pęr, 'rāts-hayr)
    chessboard, het schaakbord ('sCHāk-bort)
    king, de koning ('kō-ning)
    knight, het paard ('pārt)
    pawn, de pion (pee-'yon)
    queen, de koningin (kō-ning-'in)
    rook, de toren, het kasteel ('tō-rę, kas-'tayl)
counter, fiche ('fee-shę)
dice, de dobbelsteen ('do-bęl-stayn)
dominoes, het dominospel ('dō-mee-nō-spel)
draughts, dammen ('da-mę)
table tennis, tafeltennis ('tā-fęl-te-nęs)

ENTERTAINMENT

ball (dancing), het bal (bal)
band, de band (bent)
bar, de bar (as in English)
box, de loge ('lo-zhę)
box-office, bespreekkantoor (bę-'sprayk-kan-tōr)
casino, het casino (kā-'zee-nō)
cinema, de bioscoop (bee-yos-'kōp)
cloakroom, de garderobe (gar-dę-'ro-bę)
cloakroom ticket, het reçu (rę-'sū)
comedy, de komedie (kō-'may-dee)
concert, het concert (kon-'sert)
concert hall, de concertzaal (kon-'sert-zāl)
dance, de dans (dans)
dance, to, dansen ('dan-sę)
dancing, dancing (as in English)
dress-circle, balkon, eerste rang (bal-'kon, 'ayr-stę rang)

entertainment, het amusement (ă-mŭ-se-'ment)
fancy-dress ball, het gekostumeerde bal (che-kos-tŭ-'mayr-de bal)
film, de film (as in English)
gallery, de galerij (chā-le-'rei)
interval, de pauze ('pou-ze)
news cinema, de cinéac (see-nay-'yak)
newsreel, het journaal (zhoor-'nāl)
opera, de opera ('ō-pe-rā)
orchestra, het orkest (or-'kest)
pit, parterre (par-'te-re)
play, het stuk (stek)
programme, het programma (prō-'chra-mā)
public house, het café, de kroeg (kā-'fay, krooch)
seat, de (zit) plaats (('zit)-plāts)
scene, het tafereel, de scene (ta-'frayl, 'se-ne)
show, de voorstelling, de show ('vōr-ste-ling, show (as in English))
stage, het toneel (to-'nayl)
stalls, stalles ('sta-les)
theatre, de schouwburg, het theater ('sCHou-berch, tay-'yā-ter)
theatre (open-air), open lucht theater (ō-pe-'leCHt- tay-'yā-ter)
upper circle, balkon, tweede rang (bal-'kon, 'tway-de rang)
usherette, de ouvreuse (oo-'vreu-se)
waltz, de wals (wals)
wings, de coulissen (koo-'lee-se)

Do you play tennis?　　Tennist U?
　　　　　　　　　　　　　　'te-nest-ŭ

Have you brought your tennis-　Hebt U Uw tennisracket meege-
racket?　　　　　　　　　　bracht?
　　　hept-ŭ ŭw 'te-nes-'re-ket 'may-che-braCHt

Is there a tennis court near?　Is er een tennisbaan in de
　　　　　　　　　　　　　　buurt?
　　is er en 'te-nes-bān in de bŭrt

I should like to play golf　　Ik zou graag willen golfen
　　　　ik zou chrāch 'wi-le 'gol-fe

I have brought my golf clubs　Ik heb mijn golf-clubs bij me
　　ik hep mein golf-clubs (as in English) bei me

Is this an eighteen-hole golf　Is het een golfbaan met acht-
course?　　　　　　　　　　tien holes?
　　is het en 'golf-bān met 'aCH-teen holes (as in English)

No, there are only nine holes　Nee, er zijn maar negen holes
　　nay, er zein mar 'nay-che holes (as in English)

Would you care for a game of...?　Hebt U zin in een partijtje...?
　　　　hept-ŭ zin in en par-'tei-tye ...

Well played!	Goed gespeeld!
	choot chę-'spaylt
I should like to play in the tournament	Ik zou graag aan het toernooi willen deelnemen
ik zou chrāch ān het toor-'nōy 'wi-lę 'dayl-nay-mę	
What is the score?	Wat is de stand?
	wat is dę stant
I want to go swimming	Ik wil graag gaan zwemmen
ik wil chrāch chān 'zwe-mę	
Is there a swimming-pool near here?	Is er een zwembad in de buurt?
	is er ęn 'zwem-bat in dę būrt
Can I have a cubicle?	Mag ik een badhokje?
	mach ik ęn 'bat-hok-yę
Can I hire a bathing costume (trunks)?	Kan ik een badpak (zwembroek) huren?
kan ik ęn 'bat-pak ('zwem-brook) 'hū-rę	
Can I hire a sailing-boat (motor-, rowing-) for this afternoon?	Kan ik een zeilboot (motor-, roei-) voor vanmiddag huren?
kan ik ęn 'zeil-bōt ('mō-tęr-, rooy-) vōr van-'mi-dach 'hū-re	
We should like to water-ski	Wij willen graag waterskiën
wei 'wi-lę chrāch 'wā-tęr-skee-yę	
Where is the ice-rink?	Waar is de ijsbaan?
	wār is de 'eis-bān
Is it safe now to skate on the canals (ditches)?	Kan je al veilig op de vaarten (sloten) schaatsen (rijden)?
kan yę al 'vei-lęch op dę 'vār-tę ('slō-tę) 'sCHāt-sę ; 'rei-dę)	
Can one hire skates?	Kan ik hier schaatsen huren?
kan ik heer 'sCHāt-sę 'hū-rę	
Are you going to the races?	Gaat U naar de koersen?
	chāt-ū nār dę 'koor-sę
How do I get to the race-course?	Hoe kom ik bij de renbaan?
	hoo kom ik bei dę 'ren-bān
Which is the favourite?	Wie is de favoriet?
	wee is dę fā-vō-'reet
Have you won anything?	Hebt U iets gewonnen?
	hept-ū eets chę-'wo-nę

My horse was not even placed   Mijn paard was niet eens
geplaatst

mein pärt was neet ayns chę-'plätst

Two guilders to win on . . .   Twee gulden op . . . op winst

tway 'chęl-dę op . . . op winst

Five guilders a place on . . .   Vijf gulden op . . . geplaatst

veif 'chęl-dę op . . . chę-'plätst

Ten guilders each way on . . .   Tien gulden op . . . op winst
en geplaatst

teen 'chęl-dę op . . . op winst en chę-'plätst

Would you like to dance?   Mag ik deze dans van U?

mach ik 'day-zę dans van ū

I don't know how to dance the tango   Ik kan geen tango dansen

ik kan chayn 'tang-gō 'dan-sę

There is a dance in . . . Hotel on Saturday   Er is zaterdag bal in Hotel . . .

er is 'zā-tęr-dach bal in hō-tęl

Should one wear evening dress?   Draagt men avondkleding?

drächt men 'ā-vont-klay-ding

Is there a news cinema?   Is er een cinéac?

is er ęn see-nay-'yak

Do you know what is on at the theatre (cinema)?   Weet U wat er gaat in de schouwburg (bioscoop)?

wayt-ū wat er chāt in dę 'sCHou-bęrch (bee-yos-'kōp)

What time does it start?   Hoe laat begint het?

hoo lāt bę-'chint het

It was a very good play (film)   Het was een heel goed stuk
(een hele goede film)

het was ęn hayl choot stęk (ęn 'hay-lę 'choo-dę film)

Two stalls for Friday night, please   Twee stalles voor Vrijdagavond
graag

tway 'sta-lęs vor'vrei-dach 'ā-vont chrāch

We really enjoyed the show   We hebben werkelijk genoten
van de voorstelling

wę 'he-bę 'wer-kę-lęk chę-'nōtę van dę 'vōr-ste-ling

Enjoy yourselves!   Heb veel plezier!

hep vayl plę-'zeer

CAMPING, HIKING AND WEATHER

Camping outside the recognized camping sites is not officially allowed in Holland. In the main these camping sites are well organized and provide amenities such as drinking water, sanitary arrangements, showers etc. for a moderate charge. On the larger sites there is usually a shop available.

VOCABULARY

air mattress, de luchtmatras (leCHt-mā-'tras)
bottle opener, de flesopener ('fles-ō-pe-ner)
bridge, de brug (brech)
brook, de beek (bayk)
bucket, de emmer ('e-mer)
calor gas, het butagas ('bū-tā-chas)
camp, het kamp (kamp)
camp, to, kamperen (kam-'pay-re)
camping equipment, de kampeeruitrusting (kam-'payr-uit-res-ting)
camping shop, de kampwinkel ('kamp-wing-kel)
camping site, de kampeerplaats (kam-'payr-plāts)
candle, de kaars (kārs)
clearing, de open plek (ō-pe-'plek)
climb, to, klimmen ('kli-me)
cold, koud (kout)
cooker, het fornuis (for-'nuis)
cooking utensils, het kookgerij ('kōk-che-rei)
corkscrew, de kurketrekker ('ker-ke-tre-ker)
country, het land (lant)
dawn, de dageraad ('dā-che-rāt)
drinking water, het drinkwater ('drink-wā-ter)
dusk, de schemering ('sCHay-me-ring)
farm, de boerderij (boor-de-'rei)
farmer, de boer (boor)
fence, het hek (hek)
field, het veld (velt)
forest, het bos (bos)
frying pan, de braadpan ('brāt-pan)
groundsheet, het grondzeil ('chront-seil)
haversack, de broodzak ('brōt-sak)
heat, de warmte ('warm-te)
hedge, de heg (hech)
hike, to, trekken ('tre-ke)
hiker, de trekker ('tre-ker)
hill, de heuvel ('heu-vel)
hitch-hike, to, liften ('lif-te)
hot, warm, heet (warm, hayt)
ice, het ijs (eis)
lake, het meer (mayr)
lane, de landweg, het weggetje ('lant-wech, 'we-che-tye)

lightning, de bliksem ('blik-sem)
log, het (hout) blok ('hout-blok)
matches, de lucifers ('lū-see-fers)
methylated spirit, de spiritus ('spee-ree-tes)
mist, de mist (mist)
moss, het mos (mos)
paraffin, de petroleum (pay-'trō-lee-yem)
path, het pad (pat)
picnic, de picknick ('pik-nik)
pole, de paal, de stok (pāl, stok)
primus, de primus ('pree-mes)
rain, de regen ('ray-che)
refuse bin, de vuilnisbak ('vuil-nis-bak)
river, de rivier (ree-'veer)
road, de straat (strāt)
rope, het touw (tou)
rucksack, de rugzak ('rech-sak)
sandwich, de sandwich (as in English)
saucepan, de steelpan ('stayl-pan)
sheath-knife, de dolk (dolk)
shower (rain), de regenbui ('ray-che-bui)
shower (for washing), de douche (doosh)
slacken the ropes, to, de touwen opvieren ('tou-we 'op-vee-re)
sleeping bag, de slaapzak ('slāp-sak)
snow, de sneeuw (snayw)
storm, de storm (storm)
stove, de kachel ('ka-CHel)
stream, de stroom (strōm)
summit, de top (top)
tent, de tent (tent)
tent peg, de (tent) haring ('tent-hā-ring)
thermos (flask), de thermosfles ('ter-mos-fles)
thunderstorm, de onweersbui ('on-wayrs-bui)
tighten the ropes, to, de touwen aanhalen (de 'tou-we 'ān-hā-le)
tin opener, de blikopener ('blik-ō-pe-ner)
torch, de zaklantaarn ('zak-lan-'tārn)
valley, het dal (dal)
village, het dorp (dorp)
walk, de wandeling ('wan-de-ling)
waterfall, de waterval ('wā-ter-val)
waterproof, waterdicht (wā-ter-'diCHt)
waterproof (clothing), de regenkleding ('ray-che-klay-ding)
weather, het weer (wayr)
weather (bad), slecht weer (sleCHt wayr)
weather (good), goed weer (choot wayr)
wind, de wind (wint)
wood (forest), het bos (bos)
wood (material), het hout (hout)
wooden, van hout, houten, (van hout, 'hou-te)
Youth Hostel, de Jeugdherberg ('yeuCHt-her-berch)

Where does this road lead? Waar gaat deze weg naar toe?
wār chāt ′day-zę wech nār too

How far is it to . . .? Hoe ver is het naar . . .?
hoo ver is het nār . . .

Is the next village (town) far from here? Is het volgende dorp (de volgende stad) nog ver weg?
is het ′vol-chęn-dę dorp (dę ′vol-chęn-dę stat) noch ver wech

What is the name of this village (town)? Hoe heet dit dorp (deze stad)?
hoo hayt dit dorp (′day-zę stat)

We are lost We zijn verdwaald
wę zein vęr-′dwālt

Can you show us the way to . . .? Kunt U ons de weg wijzen naar . . .?
kęnt-ū ons dę wech ′wei-zę nār . . .

Can you recommend a cheap restaurant? Kunt U ons een goedkoop restaurant aanbevelen?
kęnt-ū ons ęn choot-′kōp res-tō-′rang ′ān-bę-vay-lę

Can you give me a lift to . . .? Kunt U mij een lift geven naar . . .?
kęnt-ū mei ęn lift ′chay-vę nār . . .

We are looking for a camping site We zoeken een kampeerplaats (camping)
wę ′zoo-kę ęn kam-′payr-plāts (camping) (as in English)

Can we camp here for the night? Kunnen we hier vannacht kamperen?
′kę-nę wę heer va-′naCHt kam-′pay-rę

How much does it cost? Hoeveel kost het?
′hoo-vayl kost ęt

Is there a camping shop? Is er een kampwinkel?
is er ęn ′kamp-wing-kęl

Where are the nearest shops? Waar zijn de dichtstbijzijnde winkels?
wār zein dę ′diCHts-bei-′zein-dę ′wing-kęls

Is this drinking water? Is dit drinkwater?
is dit ′drink-wā-tęr

Where can I buy calor gas (paraffin)? Waar kan ik butagas (petroleum) kopen?
wār kan ik ′bū-tā-chas (pay-′trō-lee-yęm) ′kō-pę

May we light a fire? Mogen we hier een vuur maken?
'mō-che we heer en vūr 'mā-ke

Beware of the dog Pas op de hond
pas op de hont

(Please) keep dogs on a leash Honden aan de lijn houden als het U blieft (a.u.b.)
'hon-de ān de lein 'hou-de as-tū-'bleeft

Put rubbish in the proper place Vuilnis op de aangewezen plaats deponeren
'vuil-nis op de 'an-che-way-ze plāts day-pō-'nay-re

Do not disturb others Bezorg anderen geen overlast
be-'zorch 'an-de-re chayn 'ō-ver-last

The ground is very damp after rain De grond is erg drassig na regen
de chront is erch 'dra-sech nā 'ray-che

I should like to hire a bicycle Ik wil graag een fiets huren
ik wil chrāch en feets 'hū-re

We are soaked to the skin Wij zijn doornat
wei zein 'dōr-nat

May we take shelter here? Mogen we hier schuilen?
'mō-che we heer 'sCHui-le

It is terrible weather Het is verschrikkelijk weer
het is ver-'sCHri-ke-lek wayr

It is very cold (hot) Het is erg koud (warm)
het is erch kout (warm)

It is ideal weather for a picnic Het is ideaal weer voor een picknick
het is ee-day-'yāl wayr vōr en 'pik-nik

It is going to rain Het gaat regenen
het chāt 'ray-che-ne

It is only a shower Het is maar een buitje
het is mār en 'bui-tye

It looks like a thunderstorm Het lijkt wel een onweersbui
het leikt wel en 'on-wayrs-bui

It is blowing hard Het waait hard
het wāyt hart

Do you know the weather fore-cast?	Wat is de weersvoorspelling?

wat is dę 'wayrs-vōr-spe-ling

Weather permitting we hope to leave at dawn	IJs en weder dienende hopen we morgen vroeg te vertrek-ken

eis en 'way-dęr 'dee-nęn-dę 'hō-pę wę 'mor-chę vrooch tę ver-'tre-kę

SHOPPING

In many cases one will find that the shop assistants have at least some knowledge of English, especially in the larger shops.

Weights and measures are marked in the continental way, eg weights in grammes, pounds in kilogrammes and measures in centimetres and metres. One Dutch (metric) *pond* (pont) is approximately ten per cent more than the British pound and there are two *ponden* ('pon-dę) in one kilogramme. Another weight that is often used in Holland is the *ons* (ons); this is one hundred grammes or one tenth of a kilogramme. 2½ centimetres is a little over one inch and a metre is about ten per cent more than a yard.

	Shopkeeper	Shop
baker	de bakker 'ba-kęr	de bakkerswinkel, bakkerij 'ba-kęrs-wing-kęl, ba-kę-'rei
bookshop	de boekhandelaar 'book-han-dę-lār	de boekhandel, boekwinkel 'book-han-dęl, 'book-wing-kęl
butcher	de slager 'slā-chęr	de slagerswinkel, slagerij 'slā-chęrs-wing-kel, slā-chę-'rei
cake-shop	de banketbakker bang-'ket-ba'kęr	de banketbakkerswinkel bang-'ket-ba-kęrs-wing-kęl
chemist (pharmacy)	de apotheker ā-pō-'tay-kęr	de apotheek ā-pō-'tayk
chemist (druggist)	de drogist drō-'chist	de drogisterij drō-chis-tę-'rei
cleaner (dry)		de stomerij stō-mę-'rei
dairy	de melkboer 'melk-boor	de melkwinkel 'melk-wing-kęl
delicatessen		de delicatessenwinkel day-lee-kā-'te-sę-wing-kęl
department store		het warenhuis 'wā-rę-huis
draper	de manufacturier mā-nū-fak-tū-'reer	de manufacturenwinkel mā-nū-fak-'tū-rę-wing-kęl
dyer		de ververij ver-vę-'rei

fishmonger	de visboer 'vis-boor	de viswinkel 'vis-wing-kęl
florist	de bloemist bloo-'mist	de bloemenwinkel 'bloo-mę-wing-kęl
greengrocer	de groenteboer 'chroon-tę-boor	de groentewinkel 'chroon-tę-wing-kęl
grocer	de kruidenier krui-dę-'neer	de kruidenierswinkel krui-dę-'neers-wing-kęl
hairdresser	de kapper 'ka-pęr	de kapsalon 'kap-sā-lon
ironmonger	de ijzerhandelaar 'ei-zęr-han-dę-lār	de ijzerhandel 'ei-zęr-han-dęl
jeweller	de juwelier yū-way-'leer	de juwelierswinkel yū-way-'leers-wing-kęl
laundry		de wasserij wa-sę-'rei
newstand		de krantenkiosk 'kran-tę kee-'yosk
perfumery		de parfumerie par-fū-mę-'ree
photographic dealer		de photohandel 'fō-tō-han-dęl
poulterer	de poelier poo-'leer	de poelierswinkel poo-'leers-wing-kęl
shoemaker	de schoenmaker 'sCHoon-mā-kęr	de schoenmakerij sCHoon-mā-kę-rei
shoeshop		de schoenenwinkel 'sCHoo-nę-wing-kęl
stationer		de kantoorboekhandel kan-'tōr-book-han-dęl
sweetshop		de snoepwinkel 'snoop-wing-kęl
tobacconist		de sigarenwinkel see-'chā-rę-wing-kęl

POST OFFICE AND TELEPHONE

Post offices (Post office = *Postkantoor*, pronounced 'post-kan-tōr) are generally open on weekdays (Mon-Fri) from 9.00 a.m.—5.00 p.m. On Saturdays they are only open from 9.00 a.m.—12.00 a.m. for telephone calls and for sending telegrams. In most of them an official can be found who speaks English. Outside the office hours postage stamps can be bought from automatic stamp-vending machines and also at newsagents and bookshops where postcards are on sale. For greetings postcards a special reduced rate is allowed. Letters for other countries in Europe (including the British Isles) are automatically sent by air. Letterboxes are painted red.

Telephone call-boxes are available in public places such as post offices and railway stations and are also conveniently situated in the towns. The boxes are usually fitted with directions for use in several languages, including English, as well as with directories. In many call-boxes in hotels and cafés time-counters are used instead of coinboxes and the charge has to be paid after the call at the office or the counter. Although the Dutch telephone system is fully automatic some call-boxes are only equipped for local calls. If this is the case one must dial the operator for trunk calls. The operators are supposed to speak sufficiently good English.

VOCABULARY

airmail, de luchtpost ('lęCHt-post)
call (telephone), het telefoongesprek (tay-lę-'fōn-chę-sprek**)**
call-box, de telefooncel (tay-le-'fōn-sel)
collection, de (bus)lichting ('bęs-liCH-ting)
counter, window, het loket (lō-'ket)
delivery, de bestelling (bę-'ste-ling)
directory (telephone), het telefoonboek (tay-lę-'fōn-book)
express, Expresse (eks-'pres)
G.P.O., P.T.T. (pay-tay-'tay) = Post Telegraaf Telefoon (post, tay-lę-'chräf tay-lę-'fōn)
G.P.O., Hoofdpostkantoor ('hōft-post-kan-tōr)
international money order, de internationale postwissel (in-ter-nä-tsyō-'nä-lę 'post-wi-sęl)
letter, de brief (breef)
parcel, het (post) pakket (post pa-'ket)
postal services, de posterijen (pos-tę-'rei-yę**)**
postcard, de briefkaart ('breef-kärt)
post-free, franco ('frang-kō)
postman, de postbode ('post-bō-dę)
post office, het postkantoor ('post-kan-tōr)
postal order, money order, de postwissel ('post-wi-sęl)
register, to, antekenen ('än-tay-kę-nę)
registered letter, de aangetekende brief ('än-chę-tay-kęn-dę breef**)**
reply paid, antwoord betaald ('ant-wōrt bę-'tält)
stamp, de postzegel ('pos-say-chęl)
telegram, het telegram (tay-lę-'chram)
telephone, de telefoon (tay-lę-'fōn)
telephone, to, telefoneren (tay-lę-fō-'nay-rę), op bellen ('op-be-lę)
telephone number, het telefoonnummer (tay-lę-'fōn-nę-męr)
trunk call, het interlokale (telefoon) gesprek (in-tęr-lō-'kä-lę tay-lę-'fōn chę-'sprek

Where is the post office?   **Waar is het postkantoor?**
                        wär is het 'post-kan-tōr

How much is a letter (postcard) for England (abroad)?
Hoeveel kost een brief (briefkaart) naar Engeland (het buitenland)?
'hoo-vayl kost en breef ('breef-kärt) när 'eng-e-lant (het 'bui-te-lant)

How much is an inland letter?
Hoeveel kost een brief in het binnenland?
'hoo-vayl kost en breef in het 'bi-ne-lant

Five 40 cent stamps, please
Vijf postzegels van veertig cent graag
veif 'pos-say-chels van 'fayr-tech sent, chräch

When will it be in Scotland?
Wanneer zal hij in Schotland aankomen?
'wa-nayr zal hei in 'sCHot-lant 'an-kõ-me

I want to send this parcel
Ik wil dit pakje versturen
ik wil dit 'pak-ye ver-'stü-re

It is to go by airmail
Het moet per luchtpost
het moot per 'leCHt-post

I want to register this letter (parcel)
Ik wil deze brief (dit pakje) aantekenen
ik wil 'day-ze breef (dit 'pak-ye) 'än-tay-ke-ne

Which window do I go to?
Naar welk loket moet ik gaan?
när welk lõ-'ket moot ik chän

I want to send a telegram
Ik wil een telegram versturen
ik wil en tay-le-'chram ver-'stü-re

This is for abroad
Dit is voor het buitenland
dit is võr het 'bui-te-lant

Where can I cash money orders?
Waar kan ik postwissels inwisselen?
wär kan ik 'post-wi-sels 'in-wi-se-le

Where is the Poste Restante?
Waar is de Poste Restante?
wär is de post res-'tant

Are there any letters for me?
Zijn er brieven voor mij?
zein er 'bree-ve võr mei

Have you any identification papers?
Hebt U een identiteitsbewijs bij U?
hept-ü en ee-den-tee-'teits-be-weis bei ü

Here is my passport
Hier is mijn paspoort
heer is mein 'pas-põrt

I want to telephone   Ik wil graag telefoneren (op-
                                             bellen)
         ik wil chrāch tay-lę-fō-'nay-rę (ōp-be-lę)

I want to call to . . .   Ik wil graag opbellen naar . . .
              ik wil chrāch 'op -be-lę nār . . .

Operator!   Juffrouw!
                                       'yę-frou

Will you get me . . ., please?   Kunt U me verbinden met . . .?
              kęnt-ū mę vęr-'bin-dę met . . .

Who is speaking?   Met wie spreek ik?
                                       met wee sprayk ik

This is . . .   ⎫   Met . . .
. . . speaking   ⎬   met . . .
                           ⎭   met . . .

Can I speak to . . .?   Mag ik . . . spreken?
                 mach ik . . . 'spray-kę

I can't hear you   Ik kan U niet verstaan
                 ik kan ū neet vęr-'stān

(I am sorry), wrong number   (Neemt U mij niet kwalijk),
                                       ik ben verkeerd verbonden
         naymt-ū mei neet 'kwā-lęk, ik ben vęr-'kayrt vęr-'bon-dę

How much do I owe you for the   Hoeveel ben ik U schuldig
call?   voor het gesprek?
         'hoo-vayl ben ik ū 'sCHęl-dęch vōr het chę-'sprek

CHEMIST AND HAIRDRESSER

In Holland there is a distinct difference between *een apotheek* (pharmacy) and *een drogisterij* (drugstore).

For prescriptions and the more specialized medicines one should go to *de apotheek*. *De drogisterij* sells the more simple medicines such as laxatives, aspirins, cough mixtures etc., and also dressings, cotton wool etc. Generally speaking *de drogisterij*, like the British chemist, sells a whole range of articles including toilet requisites and cosmetics and sometimes even paint and wallpaper.

Tourists who wish to have films developed should go to a photographic dealer (see Photography, page 98).

Normally there is *een apotheek* on duty during the nights and on Sundays and this is advertised in the local papers and also indicated in the shop window.

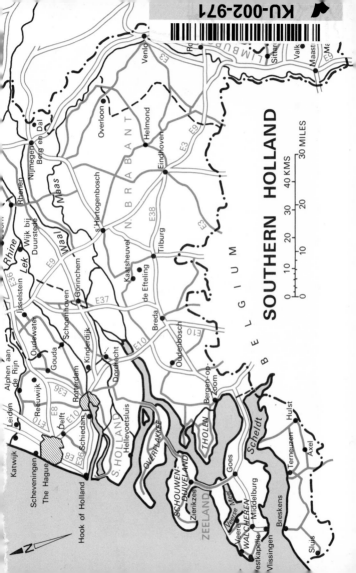

COLLINS
PHRASE BOOKS

DUTCH

Collins Phrase Books

FRENCH
GERMAN
ITALIAN
PORTUGUESE
SPANISH
SCANDINAVIAN
RUSSIAN
GREEK
YUGOSLAV
DUTCH

VOCABULARY

appointment, de afspraak ('af-spräk)
aspirin, de aspirine (as-pee-'reen)
bandage, het verband, de zwachtel (ver-'bant, 'zwaCH-tel)
bandage (crepe), het elastisch verband (ay-'las-tees ver-'bant)
bleach, to, blonderen (blon-'day-re)
brilliantine, de brilliantine (bree-yan-'tee-ne)
castor oil, de wonderolie ('won-der-ō-lee)
colour rinse, de kleurspoeling ('kleur-spoo-ling)
comb, de kam (kam)
cosmetics, de cosmetica (kos-'may-tee-kä)
cotton wool, de watten ('wa-te)
cough mixture, de hoestdrank ('hoost-drank)
dryer, de haardroogkap ('här-drōch-kap)
eau de cologne, de eau de cologne (ō-de-'klon-ye)
eyebrow pencil, het wenkbrauwen potlood ('wenk-brou-we 'pot-lōt)
face cream, de gezichtscreme (che-'ziCHts-krem)
gargle, de gorgeldrank ('chor-chel-drank)
hair, het haar (här)
hairbrush, de haarborstel ('här-bor-stel)
hair curler, de krulspeld ('krel-spelt)
hair cut, (haar)knippen ('här-kni-pe)
hair grip, de haarklem ('här-klem)
hair lacquer, de haarlak ('här-lak)
hairnet, het haarnetje ('här-ne-tye)
hairpin, de haarspeld ('här-spelt)
hairslide, het schuifspeldje ('sCHuif-spel-tye)
laxative, het laxeermiddel (lak-'sayr 'mi-del)
lipstick, de lippenstift ('li-pe-stift)
mirror (pocket), het zakspiegeltje ('zak-spee-chel-tye)
nail brush, de nagelborstel ('nä-chel-bor-stel)
nail file, de nagelvijl ('nä-chel-veil)
nail varnish, de nagellak ('nä-chel-lak)
nail varnish remover, de aceton (a-se-'ton)
ointment, de zalf (zalf)
perfume, de parfum (par-'fem)
plaster, de pleister ('pleis-ter)
powder, de poeder ('poo-der)
powder (compact), de poederdoos ('poo-der-dōs)
powder puff, de poederdons ('poo-der-dons)
prescription, het recept (re-'sept)
razor blades, de scheermesjes ('sCHayr-mes-yes)
sanitary towel, het maandverband ('mänt-ver-bant)
shampoo, de shampoo ('sham-pō)
shampoo and set, wassen en watergolven ('wa-se en 'wä-ter-gol-ve)
shave, to, scheren ('sCHay-re)
shaving brush, de scheerkwast ('sCHayr-kwast)

shaving lotion, de scheerlotion ('sCHayr-lō-'syon)
shaving soap, de scheerzeep ('sCHayr-zayp)
sleeping pills, de slaappillen ('slāp-pi-lę)
soap, de zeep (zayp)
sponge, de spons (spons)
sunglasses, de zonnebril ('zo-nę-bril)
suntan oil, de zonnebrand olie ('zo-nę-brant 'ō-lee)
talcum powder. de talkpoeder ('talk-poo-dęr)
throat pastilles, de keelpastilles ('kayl-pas-'tee-yęs)
toilet paper. het toiletpapier (twa-'let-pā-peer)
toothbrush. de tandenborstel ('tan-dę-bor-stęl)
toothpaste. de tandpasta ('tant-pas-tā)
wave (permanent), de permanent ('pęr-mā-nent)
wave set, de watergolf ('wā-tęr-golf)

Can you recommend a good hairdresser?	Kunt U me een goede kapper aanbevelen?
	kęnt-ū mę ęn 'choo-dę 'ka-pęr 'ān-bę-vay-lę
Can I make an appointment?	Kan ik een afspraak maken?
	kan ik ęn 'af-sprāk 'mā-kę
I should like a haircut	Wilt U mijn haar knippen?
	wilt-ū mein hār 'kni-pę
I want my hair trimmed	Zoudt U mijn haar willen bijknippen?
	zout-ū mein hār 'wi-lę 'bei-kni-pę
Don't cut it too short at the back (in front)	Wilt U het van achteren (van voren) niet te kort knippen?
	wilt-ū het van 'aCH-tę-rę (van 'vō-rę) neet tę kort 'kni-pę
I would like it short at the back and sides	Ik wil het graag kort van achteren en opzij
	ik wil het chrāch kort van 'aCH-tę-rę en op-'sei
Shampoo and set, please	Wilt U het wassen en watergolven?
	wilt-ū het 'wa-sę en 'wā-tęr-gol-vę
I want a permanent wave (colour rinse)	Ik wil graag een permanent (kleurspoeling)
	ik wil chrāch ęn 'pęr-mā-nent ('kleur-spoo-ling)
The water is too hot	Het water is te warm
	het 'wā-tęr is tę warm
The dryer is too hot; can you adjust it?	De droogkap is te warm; kunt U hem bijstellen?
	dę dröch-kap is tę warm; kęnt-ū ęm 'bei-ste-lę

Can I have something to read? Kan ik iets te lezen krijgen?
kan ik eets tę 'lay-zę 'krei-chę

My hair is dry Mijn haar is droog
mein hār is drōch

I would like some brilliantine (lacquer) Mag ik wat brilliantine (lak) op mijn haar?
mach ik wat bree-yan-'tee-nę (lak) op mein hār

I want my nails manicured Wilt U mijn nagels manicuren?
wilt-ū mein 'nā-chęls mā-nee-'kū-rę

Thank you. That is very nice Dank U. Het is keurig
dank ū. het is 'keu-węch

Can you make up this prescription, please? Kunt U dit recept maken?
kęnt-ū dit rę-'sept 'mā-kę

I shall call for it later Ik kom het straks afhalen
ik kom het straks 'af-hā-lę

Can you give me something for constipation (diarrhoea, a headache)? Kunt U me iets geven voor constipatie (diarree, hoofdpijn)?
kęnt-ū mę eets 'chay-vę vōr kon-stee-pā-tsee (dee-yā-'ray, 'hōft-pein)

Can you give me a cough mixture (toothbrush)? Wilt U me een hoestdrank (tandenborstel) geven?
wilt-ū mę ęn 'hoost-drank ('tan-dę-bor-stęl) 'chay-vę

Can you give me something for insect (mosquito) bites? Kunt U me iets voor insekte- (mugge) beten geven?
kęnt-ū mę eets vōr in-'sek-tę ('mę-chę) 'bay-tę 'chay-vę

My back is badly sunburned Mijn rug is erg verbrand (door de zon)
mein ręch is erch vęr-'brant (dōr dę zon)

Have you anything to soothe it? Hebt U iets om het te verzachten?
hept-ū eets om het tę vęr-'zaCH-tę

Directions for use Gebruiksaanwijzing
chę-'bruiks-ān-wei-zing

For external use only Alleen voor uitwendig gebruik
a-'layn vōr uit-'wen-dęch chę-'bruik

One teaspoonful (tablespoonful) in a glass of water	Een theelepel (eetlepel) in een glas water

ayn 'tay-lay-pel ('ayt-lay-pel) in en chlas 'wā-ter

Take . . . three times a day (every four hours) before (after) meals	Neem . . . drie keer per dag (om de vier uur) voor (na) de maaltijden

naym . . . dree kayr per dach (om de veer ūr) vōr (nā) de 'māl-tei-de

NB *See also under* ACCIDENT AND ILLNESS, *page* 107.

PHOTOGRAPHY

VOCABULARY

camera, de camera ('kā-me-rā)
camera (miniature), de kleinbeeldcamera ('klein-baylt-'kā-me-rā)
camera (cine), het filmtoestel ('film-too-stel)
case (camera), de cameratas ('kā-me-rā-tas)
cassette, de cassette (ka-'se-te)
develop, to, ontwikkelen (ont-'wi-ke-le)
enlarge, to, vergroten (ver-'chrō-te)
enlargement, de vergroting (ver-'chrō-ting)
film, de film (film)
film (black and white), de zwart-wit film (zwart-wit film)
film (colour), de kleurenfilm ('kleu-re-film)
film (colour slides), de dia-positief film ('dee-yā pō-zee-'teef film)
film (miniature), de kleinbeeldfilm ('klein-baylt-film)
film-winder, het filmtransport ('film-trans-port)
filter, de filter ('fil-ter)
lens, de lens (lens)
lens hood, de lenskap ('lens-kap)
light meter, de belichtingsmeter (be-'liCH-tings-may-ter)
negative, het negatief (nay-chā-'teef)
photographic dealer, de photohandel ('fō-tō-han-del)
print, de afdruk ('af-drek)
print, to, afdrukken ('af-dre-ke)
range-finder, de afstandmeter ('af-stant-may-ter)
reel, de spoel (spool)
shutter, de sluiter ('slui-ter)
slide, de dia ('dee-yā)
tripod, het statief (stā-'teef)
view-finder, de zoeker ('zoo-ker)

I want a 20-exposure colour film for my (miniature) camera	Mag ik een kleurenfilm met twintig opnamen voor mijn (kleinbeeld) camera?

mach ik en 'kleu-re-film met 'twin-tech 'op-nā-me vōr mein ('klein-baylt) 'kā-me-ra

Have you any fast (fine grain) film?

Hebt U een snelle film (met fijne korrel)?

hept-ū ęn 'sne-lę film (met 'fei-nę 'ko-ręl)

I want two films for colour slides

Mag ik twee films voor dia-positieven?

mach ik tway films vōr 'dee-yā-pō-zee-'tee-vę

I want two 8 mm. colour cine-films

Mag ik twee acht milimeter kleuren cine-films?

mach ik tway aCHt 'mee-lee-may-tęr 'kleu-rę 'see-ne-films

What size do you want?

Welke afmeting wilt U?

'wel-kę 'af-may-ting wilt-ū

The price includes developing

De ontwikkelingskosten zijn in de prijs inbegrepen

dę ont-'wi-kę-lings-kos-tę zein in de preis 'in-bę-chray-pę

Will you develop this film, please?

Wilt U deze film ontwikkelen?

wilt-ū 'day-zę film ont-'wi-kę-lę

One print each

Van iedere foto één afdruk

van 'ee-dę-rę 'fō-tō ayn 'af-dręk

On shiny (matt) paper

Op glanzend (mat) papier

op 'chlan-zęnt (mat) pā-'peer

When will they be ready?

Wanneer zijn ze klaar?

'wa-nayr zein zę klār

I want them as soon as possible

Ik wil ze graag zo gauw moge-lijk hebben

ik wil zę chrāch zō chou 'mō-chę-lęk 'he-bę

Will you enlarge these two, please?

Wilt U deze twee vergroten?

wilt-ū 'day-zę tway vęr-'chrō-tę

They are under- (over-) ex-posed

Ze zijn onder- (over-) belicht

zę zein 'on-dęr-('ō-vęr)bę-liCHT

Can you repair my camera?

Kunt U mijn camera repareren?

kęnt-ū mein 'kā-mę-rā ray-pā-'ray-rę

The shutter doesn't work

De sluiter werkt niet

dę 'slui-tęr werkt neet

The film is jammed

De film is vastgelopen

dę film is 'vast-chę-lō-pę

The film doesn't wind properly   De film draait niet goed door

        dẹ film drăyt neet choot dōr

Can you put the film in the   Kunt U de film in de camera

camera, please?   doen?

        kẹnt-ū dẹ film in dẹ 'kă-mẹ-ră doon

I dropped it   Ik heb hem laten vallen

      ik hep ẹm 'lă-tẹ 'va-lẹ

MISCELLANEOUS

VOCABULARY

battery (for portable radio/torch), de batterij ('ba-tẹ-'rei)
big, groot (chrōt)
book, het boek (book)
bracelet, de armband ('arm-bant)
brooch, de broche ('brosh)
button, de knoop (knōp)
cheap, goedkoop (choot-'kōp)
cigar, de sigaar (see-'chăr)
cigarette, de sigaret (see-chă-'ret)
collar-stud, het boordeknoopje ('bōr-dẹ-knōp-yẹ)
cotton, het katoen (kă-'toon)
cuff-links, de manchetknopen (man-'shet-knō-pẹ)
dear, expensive, duur (dūr)
dictionary, het woordenboek ('wōr-dẹ-book)
disinfectant, het ontsmettingsmiddel (ont-'sme-tings-mi-dẹl)
doll, de pop (pop)
earrings, de oorbellen ('ōr-be-lẹ)
elastic, het elastiek (ay-las-'teek)
envelope, de enveloppe (en-vẹ-'lop)
gramophone record, de grammofoonplaat (chră-mō-'fōn-plăt)
long-playing record, de langspeelplaat ('lang-spayl-plăt)
guide-book, de gids (chits)
handbag, het handtasje ('hant-tas-yẹ)
heavy, zwaar (zwăr)
ink, de inkt (inkt)
invisible mending, de stoppage (sto-'pă-zhẹ)
label, de label, het etiket ('lay-bẹl, ay-tee-'ket)
lace, de kant (kant)
large, groot (chrōt)
light, licht (liCHt)
lighter (cigarette), de aansteker ('ăn-stay-kẹr)
lighter flint, de vuursteen ('vūr-stayn)
lighter fuel, de aanstekerbenzine ('ăn-stay-kẹr ben-'zee-nẹ)
lighter gas, gas voor een aansteker (chas vōr ẹn 'ăn-stay-kẹr)
linen, linnen ('li-nẹ)

long, lang (lang)
magazine, het tijdschrift ('teit-sCHrift)
map, de kaart (kārt)
matches, de lucifers ('lū-see-fers)
material, het materiaal, de stof (mā-tay-ree-'yāl, stof)
narrow, nauw (nou)
necklace, de (hals) ketting (('hals)-'ke-ting)
needle, de naald (nālt)
newspaper, de krant (krant)
pen, de pen (pen)
pen (ballpoint), de ballpoint (as in English)
pen (fountain), de vulpen ('vel-pen)
pencil, het potlood ('pot-lōt)
pin, de speld (spelt)
pipe, de pijp (peip)
plan (of a town), het (stads) plan ((stats)-plan)
purse, de beurs (beurs)
refill, de vulling ('ve-ling)
ribbon, het lint (lint)
ring, de ring (ring)
safety pin, de veiligheidsspeld ('vei-lech-heits-spelt)
sale, de uitverkoop ('uit-ver-kōp)
scissors, de schaar (sCHār)
self-service, de zelfbediening ('zelf-be-dee-ning)
shoe-laces, de (schoen)veters ('sCHoon-fay-ters)
shoe polish, de schoensmeer ('sCHoon-smayr)
shop, de winkel ('wing-kel)
shop assistant, de verkoper (male), de verkoopster (female) (ver-'kō-per, ver-'kōp-ster)
short, kort (kort)
silk, de zij(de) ('zei-de)
size, de maat, de afmeting (māt, 'af-may-ting)
sma¹', klein (klein)
soap powder, de zeeppoeder ('zayp-poo-der)
spectacles, de bril (bril)
stick, de stok (stok)
strap, de riem (reem)
string, het touw (tou)
suitcase, de koffer ('ko-fer)
thick, dik (dik)
thimble, de vingerhoed ('ving-er-hoot)
thin, dun (den)
thread, het garen, de draad ('chā-re, drāt)
tobacco, de tabak (tā-'bak)
tobacco pouch, de tabakszak (tā-'bak-sak)
toy, het speelgoed ('spayl-choot)
umbrella, de paraplu (pā-rā-'plū)
wallet, de portefeuille (por-te-'fui-ye)
watch, het horloge (hor-'lō-zhe)
wide, wijd, breed (weit, brayt)

wool, de wol (wol)
writing paper, het schrijfpapier ('sCHreif-pā-peer)
zip-fastener, de ritssluiting ('rit-slui-ting)

Where is the market?	Waar is de markt?
	wār is de markt
I want to buy . . .	Ik wil graag . . . kopen.
	ik wil chrāch . . . 'kō-pe
Do you sell . . .?	Verkoopt U ook . . .?
	ver-'kōpt ū ōk . . .
That is not what I want	Dat is niet wat ik zoek
	dat is neet wat ik zook
I am looking for something like this	Ik zoek zoiets als dit.
	ik zook zō-'eets als dit
It is not my size	Het is mijn maat niet
	het is mein māt neet
Have you anything bigger (smaller)?	Hebt U iets groters (kleiners)?
	hept-ū eets 'chrō-ters (klei-ners)
Have you anything cheaper (better)?	Hebt U iets goedkopers (beters)?
	hept-ū eets choot-'kō-pers ('bay-ters)
I do not like the colour	Ik vind de kleur niet mooi
	ik vint de kleur neet mōy
I prefer something in silk (wool, nylon)	Ik wil liever iets van zij (wol, nylon)
	ik wil 'lee-ver eets van zei (wol, 'nei-lon)
How much does it cost a metre?	Hoeveel kost het per meter?
	'hoo-vayl kost et per 'may-ter
That's exactly what I want	Dat is precies wat ik wil hebben
	dat is pre-'sees wat ik wil 'he-be
Can you order it for me?	Kunt U het voor mij bestellen?
	kent-ū het vōr mei be-'ste-le
Can you alter it to fit me?	Kunt U het voor mij vermaken?
	kent-ū het vōr mei ver-'mā-ke
What do you charge for that?	Wat rekent U daarvoor?
	wat 'ray-kent ū dār-'vōr

It doesn't fit	Het past niet het past neet
Will you send it to this address?	Wilt U het naar dit adres sturen? wilt-ū het nār dit ā-'dres 'stū-rę
When can I have it?	Wanneer krijg ik het? wa-'nayr kreich ik ęt
I will pay on delivery	Ik betaal bij ontvangst ik bę-'tāl bei ont-'vangst
How much is it altogether?	Hoeveel kost het bij elkaar? 'hoo-vayl kost het bei el-'kār
Pay at the cash-desk, please	Wilt U aan de kassa betalen? wilt-ū ān dę 'ka-sā bę-'tā-lę
I bought this two days ago	Ik heb dit twee dagen geleden gekocht ik hep dit tway 'dā-chę chę-'lay-dę chę-'koCHt
It doesn't work	Het werkt niet het werkt neet
It is broken (torn)	Het is kapot (gescheurd) het is kā-'pot (chę-'sCHeurt)
Can you change it?	Kan ik het ruilen? kan ik het 'rui-lę
Have you English (American, Turkish) cigarettes?	Hebt U Engelse (Amerikaanse, Turkse) sigaretten? hept-ū 'eng-el-sę (ā-may-ree-'kān-sę, 'tęrk-sę) see-chā-'re-tę
Do you keep long-playing records?	Hebt U langspeelplaten? hept-ū 'lang-spayl-plā-tę

REPAIRS

This is broken (torn)	Dit is kapot (gescheurd) dit is kā-'pot. (chę-'sCHeurt)
Can you repair . . .?	Kunt U . . . maken? kęnt-ū . . . 'mākę
Can I wait for it?	Kan ik er op wachten? kan ik er op 'waCH-tę

When will it be ready?	Wanneer is het klaar?
	wa-'nayr is het klār

Can I collect it tomorrow?	Kan ik het morgen komen halen?
	kan ik het 'mor-chę 'kō-mę 'hālę.

I have to leave on . . .	Ik moet . . . vertrekken
	ik moot . . . vęr-'tre-kę

My watch is broken	Mijn horloge is kapot
	mein hor-'lō-zhę is kā-'pot

It is slow (fast)	Het loopt achter (voor)
	het lōpt 'aCH-tęr (vōr)

Please regulate it	Wilt U het reguleren?
	wilt-ū het ray-chū-'lay- rę

Give me a new strap, please	Mag ik een nieuw (horloge) bandje?
	mach ik ęn neew (hor-'lō-zhę) 'ban-tye

I want these shoes soled	Wilt U deze schoenen verzolen?
	wilt-ū 'day-zę 'sCHoo-nę vęr-'zō-lę

Can you repair the heels?	Kunt U de hakken maken?
	kęnt-ū dę 'ha-kę 'mā-kę

Can you have this darned (invisibly mended)?	Kunt U dit laten verstellen (onzichtbaar laten stoppen)?
	kent-ū dit 'lā-tę vęr-'ste-lę (on-'ziCHt-bār 'lā-tę 'sto-pę)

Can you proof it?	Kunt U het waterdicht laten maken?
	kęnt-ū het wā-tęr-'diCHt 'lā-tę 'mā-kę

COLOURS

auburn, kastanjebruin (kas-'tan-yę bruin)
beige, beige ('bei-zhę)
black, zwart (zwart)
blue, blauw (blou)
brown, bruin (bruin)
cream-coloured, crême-kleurig ('krem-kleu-ręch)
emerald, smaragd (smā-'racht)
fawn, reebruin ('ray-bruin)
green, groen (chroon)
grey, grijs (chreis)
light, licht (liCHt)

lilac, lila ('lee-lā)
mauve, mauve (mōv)
orange, oranje (ō-'ran-ye)
pink, roze ('ro-ze)
purple, paars (pārs)
red, rood (rōt)
violet, violet (vee-yō-'let)
white, wit (wit)
yellow, geel (chayl)

CLOTHES

belt, de riem, de centuur (reem, sen-'tūr)
blouse, de blouse ('bloo-ze)
bra, de B.H. (bay-'hā)
braces, de bretels (bre-'tels)
button, de knoop (knōp)
cap, de pet (pet)
clothes, de kleren ('klay-re)
coat, de jas (yas)
collar (coat, dress), de kraag (krāch)
collar (shirt), het boord (bōrt)
corset, het korset (kor-'set)
cuff, de manchet (man-'shet)
dress, de jurk (yerk)
dressing-gown, de kamerjas ('kā-mer-yas)
fur coat, de bontjas ('bont-yas)
girdle, de (kousen) gordel ('kou-se-chor-del)
gloves, de handschoenen ('hant-sCHoo-ne)
handkerchief, de zakdoek ('zak-dook)
hat, de hoed (hoot)
headscarf, de hoofddoek ('hōft-dook)
heels, de hakken ('ha-ke)
jacket, het (colbert) jasje (kol-'ber-yas-ye)
jumper, de jumper (jumper (as in English), trui)
leg (of trousers), de broekspijp ('brooks-peip)
nightgown, de nachtjapon ('naCHt-yā-pon)
nylons, de nylon kousen ('nei-lon 'kou-se)
panties, het (dames)broekje ('dā-mes-brook-ye)
pants, de onderbroek ('on-der-brook)
petticoat, de onderrok ('on-der-rok)
pullover, de pullover (as in English)
pyjamas, de pyama (pee-'yā-mā)
raincoat, de regenjas ('ray-chen-yas)
sandals, de sandalen (san-'dā-le)
shawl, de sjaal (syāl), de das (das)
shirt, het overhemd ('ō-ver-hemt)
shoes, de schoenen ('sCHoo-ne)
skirt, de rok (rok)
sleeve, de mouw (mou)

slip, de onderjurk ('on-der-yerk)
slippers, de pantoffels (pan-'to-fels)
socks, de sokken ('so-ke)
stockings, de kousen ('kou-se)
suit, het (colbert)pak (kol-'ber-pak) (male), het mantelpak ('man-tel-pak) (female)
suspender, de kousenophouder ('kou-se-op-hou-der)
tie, de das (das)
trousers, de broek (brook)
underwear, het ondergoed ('on-der-choot)
vest, het (onder)hemd ('on-der-hemt)
zip-fastener, de rittsluiting ('rit-slui-ting)

My size in collars is . . .   Mijn boordmaat is . . .
mein 'bõrt-mãt is

My size in (hats, shoes, etc.)   Mijn maat (hoeden, schoenen
is . . .   etc.) is . . .
mein mãt ('hoo-de, 'sCHoo-ne etc.) is . . .

The English size is . . .   De Engelse maat is . . .
de 'eng-el-se mãt is . . .

May I try it (them) on?   Mag ik het (ze) passen?
mach ik het (ze) 'pa-se

It does not fit me   Het past me niet
het past me neet

It is too big (small, broad, tight) Het is te groot (klein, wijd, nauw)
het is te chrõt (klein, weit, nou)

The heels are too high   De hakken zijn te hoog
de 'ha-ke zein te hõch

I want a beach outfit   Ik wil graag een strandpakje
ik wil chrãch en 'strant-pak-ye

It is very smart   Het is erg elegant
het is erch ay-le-'chant

I would like to see some hand-   Ik zou graag enige (hand)
embroidered . . .   geborduurde . . . willen zien
ik zou chrãch 'ay-ne-che ('hant) che-bor-'dũr-de . . . 'wi-le zeen

I am looking for a dress with a   Ik zoek een jurk met een ronde
round (low cut) neck   (laag uitgesneden) hals
ik zook en yerk met en 'ron-de (lãch 'uit-che-snay-de) hals

How long will it take?   Hoe lang duurt het?
hoo lang dũrt het

FOOD

NB *For main vocabulary see under* RESTAURANTS: FOOD, *page* 40.

chocolate, de chocolade (shō-kō-'lā-de)
chocolate (milk), de melkchocolade ('melk-shō-kō-lā-de)
chocolate (plain), de pure chocolade ('pū-re shō-kō-'lā-de)
fruit, het fruit, de vruchten (fruit, 'vreCH-te)
ice cream, het ijsje ('eis-ye)
peppermints, de pepermuntjes (pay-per-'men-tyes)
sweets, de snoepjes, de zuurtjes ('snoop-yes, 'zūr-tyes)
toffees, de toffee's ('to-fees)

I want a pound (kilo) of . . .   Mag ik een pond (kilo) . . .?
mach ik en pont ('kee-lō) . . .

How much per pound (kilo)?   Hoeveel is het per pond (kilo)?
'hoo-vayl is het per pont ('kee-lō)

Give me a bottle of milk (wine, lager)   Mag ik een fles melk (wijn, bier)?
mach ik en fles melk (wein, beer)

Half a pound of matured Gouda (Edam) cheese, please   Een half pond belegen Goudse (Edammer) kaas
en half pont be-'lay-che 'chout-se (ay-'da-mer)kās

Are these . . . ripe (fresh)?   Zijn deze . . . rijp (vers)?
zein 'day-ze . . . reip (vers)

ACCIDENT AND ILLNESS

Since doctors and dentists in Holland all speak good English, English-speaking patients will not have much difficulty in talking to them.

VOCABULARY

PARTS OF THE BODY

ankle, de enkel ('eng-kel)
arm, de arm (arm)
armpit, de oksel ('ok-sel)
back, de rug (rech)
belly, de buik (buik)
blood, het bloed (bloot)
body, het lichaam ('li-CHām)

bone, het bot (bot)
bowels, de ingewanden ('in-che-wan-de)
calf, de kuit (kuit)
cheek, de wang (wang)
chest, de (borst)kas ('borst-kas)
chin, de kin (kin)
cranium, de schedel ('sCHay-del)
ear, het oor (ōr)
elbow, de elleboog ('e-le-bōg)
eye, het oog (ōch)
eyebrow, de wenkbrauw ('wenk-brou)
eyelid, het ooglid ('ōch-lit)
face, het gezicht (che-'ziCHt)
fingers, de vingers ('ving-ers)
foot, de voet (voot)
groin, de lies (lees)
gum, het tandvlees ('tant-vlays)
hand, de hand (hant)
head, het hoofd (hōft)
heart, het hart (hart)
heel, de hiel (heel)
hip, de heup (heup)
intestine, de darm (darm)
joint, het gewricht (che-'wriCHt)
kidney, de nier (neer)
knee, de knie (knee)
knee-cap, de knieschijf ('knee-sCHeif)
leg, het been (bayn)
limbs, de ledematen ('lay-de-mā-te)
lip, de lip (lip)
liver, de lever ('lay-ver)
lung, de long (long)
mouth, de mond (mont)
nail, de nagel ('nā-chel)
neck, de hals (hals)
nerve, de zenuw ('zay-nūw)
nose, de neus (neus)
rib, de rib (rip)
skull, de schedel ('sCHay-del)
shin, de scheen (sCHayn)
shoulder, de schouder ('sCHou-der)
stomach, de maag (māch)
thigh, de dij (dei)
throat, de keel (kayl)
toe, de teen (tayn)
tongue, de tong (tong)
tooth, de tand (tant)
    false teeth, de valse tanden, het valse gebit ('val-se 'tan-de, 'val-se che-
    'bit)
wrist, de pols (pols)

GENERAL

abscess, het abces (ap-'ses)
accident, het ongeluk ('on-che-lek)
ambulance, de ambulance (am-bū-'lan-se)
ambulance service, de eerste hulp dienst ('ayr-ste help deenst)
appendicitis, de blindedarmontsteking (blin-de-'darm ont-'stay-king)
apply artificial respiration, to, kunstmatige ademhaling toepassen (kenst-'mā-te-che 'ā-dem-hā-ling 'too-pa-se)
artery, de slagader ('slach-ā-der)
bandage, het verband (ver-'bant)
bite, de beet (bayt)
blister, de blaar (blār)
boil, de steenpuist ('stayn-puist)
bruise, de kneuzing ('kneu-zing)
burn, de brandwond ('brant-wont)
chemist, de apotheek, de drogist (ā-pō-'tayk, drō-'chist)
chiropodist, de pedicure (pay-dee-'kūr)
cold, de verkoudheid (ver-'kout-heit)
constipation, de constipatie (kon-stee-'pā-tsee)
convalescence, het herstel (her-'stel)
corn, de likdoorn ('lik-dōrn)
cough, to, hoesten ('hoos-te)
cramp, de kramp (kramp)
cure, de genezing (che-'nay-zing)
cure, to, genezen (che-'nay-ze)
cut, de snee (snay)
dentist, de tandarts ('tant-arts)
diarrhoea, de diarree (dee-yā-'ray)
diet, het diëet (dee-'yayt)
doctor, de dokter ('dok-ter)
drown, to, verdrinken (ver-'dring-ke)
drowning person, de drenkeling ('dreng-ke-ling)
epidemic, de epidemie (ay-pee-de-'mee)
faint, de flauwte ('flou-te)
faint, to, flauw vallen (flou 'va-le)
fever, de koorts (kōrts)
filling, de vulling ('ve-ling)
first aid, de E.H.B.O. = de Eerste Hulp bij Ongelukken (ay-hā-bay-'ō = de 'ayr-ste help bei 'on-che-le-ke)
fracture, de fractuur (frak-'tūr)
haemorrhage, de bloeding ('bloo-ding)
hay-fever, de hooikoorts ('hōy-kōrts)
headache, de hoofdpijn ('hōft-pein)
health, de gezondheid (che-'zont-heit)
heartburn, het maagzuur ('māch-zūr)
heart condition, de hartaandoening ('hart-ān-doo-ning)
hospital, het ziekenhuis ('zee-ke-huis)
illness, de ziekte ('zeek-te)
indigestion, de indigestie (in-dee-'ches-tee)

infection, de ontsteking (ont-'stay-king)
influenza, de griep (chreep)
injection, de injectie (in-'yek-see)
injury, het letsel ('let-sel)
insomnia, de slapeloosheid (slā-pe-'lōs-heit)
interpreter, de tolk (tolk)
kiss of life. de mond op mond beademing (de mont op mont be-ā-de-ming)
measles. de mazelen ('mā-ze-le)
nausea, de misselijkheid ('mi-se-lek-heit)
nurse, de verpleegster (ver-'playch-ster)
operation, de operatie (ō-pe-'rā-tsee)
pain. de pijn (pein)
patient, de patient (pā-'syent)
pimple, de pukkel ('pe-kel)
poison, het vergif (ver-'chif)
policeman, de politie agent (pō-'lee-tsee ā-'chent)
rash. de uitslag ('uit-slach)
remedy, het geneesmiddel (che-'nays-mi-del)
scar, het litteken ('lit-tay-ke)
sick, misselijk ('mi-se-lek)
sling. de mitella (mee-'te-lā)
sore (*adj.*), pijnlijk ('pein-lek)
specialist. de specialist (spay-syā-'list)
splint, de spalk (spalk)
sprain, to, verzwikken (ver-'zwi-ke)
sting, de steek (stayk)
stomach, de maag (māch)
stomach-ache, de maagpijn ('māch-pein)
stretcher, de brancard (brang-'kār)
stroke, de beroerte (be-'roor-te)
sunstroke, de zonnesteek ('zo-ne-stayk)
surgeon, de chirurg (shee-'rerch)
surgery (room), de spreekkamer ('sprayk-kā-mer)
swelling, de zwelling ('zwe-ling)
temperature, de temperatuur (tem-pe-rā-tūr)
thermometer, de thermometer ('ter-mō-may-ter)
throat (sore), de keelpijn ('kayl-pein)
toothache, de kiespijn ('kees-pein)
treatment, de behandeling (be-'hand-de-ling)
ulcer, de zweer (zwayr)
unconscious, bewusteloos (be-'wes-te-lōs)
vein, de ader ('ā-der)
vomit, to, overgeven ('ō-ver-chay-ve)
wound, de wond (wont)
X-ray, de röntgenfoto ('rent-chen-fō-tō)
X-ray, to, doorlichten ('dōr-liCH-te)

There has been an accident	Er is een ongeluk gebeurd
	er is ęn 'on-chę-lęk gę-'beurt

Can anyone speak English?	Kan iemand Engels spreken?
	kan 'ee-mant 'eng-ęls 'spray-kę

Call an ambulance	Wilt U een ambulance laten komen?
	wilt-ū ęn am-bū-'lan-sę 'lā-tę 'kō-mę

Call the police, please	Wilt U de politie waarschuwen
	wilt-ū dę pō-'lee-tsee 'wār-sCHū-wę

Is there a doctor here?	Is er een dokter aanwezig?
	is er ęn 'dok-tęr ān-'way-zęch

Someone has fallen into the water	Er is iemand in het water gevallen
	er is 'ee-mant in ęt 'wā-tęr chę-'va-lę

He (she) is seriously injured	Hij (Zij) is ernstig gewond
	hei (zei) is 'ern-stęch chę-'wont

He (She) has been run over	Hij (Zij) is overreden
	hei (zei) is ō-vęr-'ray-dę

He (She) is losing blood	Hij (Zij) verliest bloed
	hei (zei) vęr-'leest bloot

He (She) has lost consciousness	Hij (Zij) is bewusteloos
	hei (zei) is bę-'węs-tę-lōs

He (She) has fainted	Hij (Zij) is flauw gevallen
	hei (zei) is flou chę-'va-lę

He (She) has burnt (cut) his (her) face	Hij (Zij) heeft zijn (haar) gezicht verbrand (gewond)
	hei (zei) hayft zein (hār) chę-'ziCHt vęr-'brant (chę-'wont)

Have you any bandages?	Hebt U verband bij U?
	hept-ū vęr-'bant bei ū

Can you dress the wound?	Kunt U de wond verbinden?
	kęnt-ū dę wont vęr-'bin-dę

Can you make a splint?	Kunt U een spalk aanleggen?
	kęnt-ū ęn spalk 'ān-le-chę

Better not to move him (her)	Het is beter hem (haar) niet te verplaatsen
	het is 'bay-tęr hem (hār) neet tę vęr-'plät-sę

Can you help to carry him (her) to the side of the road? Kunt U me helpen hem (haar) naar de kant van de weg te dragen?

kent-ū me 'hel-pe hem (hār) nār de kant van de wech te 'drā-che

Does anybody know how to apply the kiss of life? Is er iemand, die de mond op mond beademing kan toepassen?

is er 'ee-mant, dee de mont op mont be-'ā-de-ming kan 'too-pa-se

Has anybody a rug to keep him (her) warm? Heeft iemand een plaid om hem (haar) warm te houden?

hayft 'ee-mant en playt om hem (hār) warm te 'hou-de

He (She) is not feeling well Hij (Zij) voelt zich niet goed

hei (zei) voolt ziCH neet choot

I am feeling very ill. Please send for a doctor Ik voel me erg ziek. Wilt U een dokter laten komen?

ik vool me erch zeek. wilt-ū en 'dok-ter 'lā-te 'kō-me

Where is the nearest doctor (chemist)? Waar is de dichtstbijzijnde dokter (apotheek)?

wār is de 'diCHts-bei-'zein-de 'dok-ter (ā-pō-'tayk)

I have a pain in … Ik heb pijn in …

ik hep pein in …

I have strained (broken) my … Ik heb mijn … verzwikt (gebroken)

ik hep mein … ver-'zwikt (CHe-'brō-ke)

I feel giddy Ik voel me duizelig

ik vool me 'dui-ze-lech

I have caught a cold Ik heb kou gevat

ik hep kou CHe-'vat

I have a bad cough Ik heb een nare hoest

ik hep en 'nā-re hoost

I think I have 'flu Ik denk, dat ik griep heb

ik denk, dat ik chreep hep

I have no appetite. I have indigestion Ik heb geen eetlust. Ik heb indigestie

ik hep chayn 'ayt-lest. ik hep in-dee-'ches-tee

I think I have food poisoning Ik denk, dat ik voedselvergiftiging heb

ik denk, dat ik 'voot-sel-ver-chif-te-ching hep

I feel much better now   Ik voel me nu veel beter
ik vool me nū vayl 'bay-ter

I have toothache   Ik heb kiespijn
ik hep 'kees-pein

Can you recommend a dentist?   Kunt U me een tandarts aanbevelen?
kūnt-ū me en 'tant-arts 'ān-be-vay-le

What is his address?   Wat is zijn adres?
wat is zein ā-'dres

VISITING FRIENDS

Is this where . . . lives?   Woont hier . . .?
wōnt heer . . .

Is he (she) at home?   Is hij (zij) thuis?
is hei (zei) tuis

It is Mr. (Mrs., Miss) Jones   Mijn naam is Jones (Mevrouw
Jones, Juffrouw Jones)
mein nām is Jones (me-'vrou Jones, 'ye-frou Jones)

May I introduce myself; I am . . .   Mag ik me voorstellen, mijn
naam is . . .
mach ik me 'vōr-ste-le, mein nām is . . .

Delighted to meet you   Prettig kennis met U te maken
'pre-tech 'ke-nis met ū te 'mā-ke

How do you do?   Hoe maakt U het?
hoo mākt-ū het

I am Mr. Brown and this is my wife   Ik ben Mr. Brown en dit is
mijn vrouw
ik ben Mr. Brown en dit is mein vrou

Did you have a good journey?   Hebt U een goede reis gehad?
hept-ū en 'choo-de reis che-'hat

I'll help you with your luggage   Ik zal U met Uw bagage
helpen
ik zal ū met ūw bā-'chā-zhe 'hel-pe

This is your bedroom and here is the bathroom (toilet)   Dit is Uw slaapkamer en hier
is de badkamer (het toilet)
dit is ūw 'slāp-kā-mer en heer is de 'bat-kā-mer (het twa-'let)

Do you want to tidy up first?	Wilt U zich eerst even op-knappen?
	wilt-ū ziCH ayrst 'ay-vę 'op-kna-pę
You are probably dying for a cup of tea (a drink)	U hebt zeker wel zin in een kopje thee (een borrel)?
	ū hept 'zay-kęr wel zin in ęn 'kop-yę tay (ęn 'bo-ręl)
Are you tired (hungry, thirsty)?	Bent U moe (Hebt U honger, dorst)?
	bent-ū moo (hept-ū 'hong-ęr, dorst)
Is there anything you can't eat?	Is er iets wat U niet mag eten?
	is er eets wat ū neet mach 'ay-tę
Do you need anything?	Hebt U nog iets nodig?
	hept-ū noch eets 'nō-dęch
We normally have breakfast (dinner) at . . .	We ontbijten (eten) meestal om . . .
	wę ont-'bei-tę ('ay-tę) 'mays-tal om . . .
Will you help me with the shopping (housework, washing up)?	Wilt U me helpen met bood-schappen doen (het huis-werk, de afwas)?
	wilt-ū mę 'hel-pę met 'bōt-sCHa-pę doon (het 'huis-werk, dę 'af-was)
Where do you keep your provisions (linen, knives)?	Waar bergt U Uw etenswaren (linnengoed, messen)?
	wār bercht ū ūw 'ay-tęns-wā-rę ('li-nę-choot, 'me-sę)
Will you look after the baby (the children)?	Wilt U op de baby (de kin-deren) passen?
	wilt-ū op dę 'bay-bee (dę 'kin-dę-rę) 'pa-sę
Can I go out for the day on Sunday?	Kan ik Zondag vrij krijgen?
	kan ik 'zon-dach vrei 'krei-chę
When can I get an evening off?	Wanneer kan ik een avond vrijaf krijgen?
	wa-'nayr kan ik ęn 'ā-vont vrei-'af 'krei-chę
Can I go to the cinema tonight?	Mag ik vanavond naar de bioscoop?
	mach ik van-'ā-vont nār dę bee-yos-'kōp

Where can I enrol for English (Dutch) classes?	Waar kan ik me laten inschrijven voor Engelse (Nederlandse) lessen?

wār kan ik mę 'lā-tę 'in-sCHrei-vę vŏr 'eng-ęl-sę ('nay-dęr-lant-sę) 'le-sę

Where is there a Protestant (Catholic) church?	Waar is een protestante (katholieke) kerk?

wār is ęn prŏ-tes-'tan-tę (kā-tŏ-'lee-kę) kerk

Have you written to your parents?	Hebt U Uw ouders geschreven? (Heb je je ouders etc.)

hept-ū ūw 'ou-dęrs chę-'sCHray-vę. (hep ję yę 'ou-dęrs etc.)

I have a letter for you from ...	Ik heb een brief voor U/je van ...

ik hep ęn breef vŏr ū/yę van ...

I should like to very much	Heel graag

hayl chrāch

Will you call for me at my hotel?	Wilt U mij bij het hotel afhalen?

wilt-ū mei bei het hŏ-'tel 'af-hā-lę

When shall we meet again?	Wanneer zien we elkaar weer?

wa-'nayr zeen wę el-'kār wayr

Thank you very much	Heel hartelijk bedankt

hayl 'har-tę-lęk bę-'dankt

I am so glad to have met you	Erg prettig kennis met U/je gemaakt te hebben

erch 'pre-tęch 'ke-nis met ū/yę chę-'mākt tę 'he-bę

Please take my address and I hope you will visit us soon	Wilt U (wil je) mijn adres opschrijven en ik hoop, dat U/je ons gauw eens komt opzoeken

wilt-ū (wil-yę) mein ā-'dres 'op-sCHrei-vę en ik hŏp, dat ū/yę ons chou ayns kŏmt 'op-zoo-kę

COUNTRIES AND NATIONALITIES

Country	Inhabitant
Africa, Afrika ('ā-free-kā)	Afrikaan (ā-free-'kān)
America, Amerika (ā-'may-ree-kā)	Amerikaan (ā-may-ree-'kān)
Asia, Azië ('ā-zee-yę)	Aziaat (ā-zee-'yāt)
Australia, Australië (ō-'strā-lee-yę)	Australiër (ō-'strā-lee-yęr)
Austria, Oostenrijk ('ōs-tę-reik)	Oostenrijker ('ōs-tę-rei-kęr)

Belgium, België ('bel-chee-ye) — Belg (belch)
Bulgaria, Bulgarije (bel-chā-'rei-ye) — Bulgaar (bel-'chär)
Canada, Canada ('kā-nä-dä) — Canadees (kā-nä-'days)
China, China ('shee-nä) — Chinees (shee-'nays)
Czechoslovakia, Tsjechoslowakije (tsye-CHō-slō-wä-'kei-ye) — Tsiech (tsyeCH)
Denmark, Denemarken ('day-ne-mar-ke) — Deen (dayn)
Egypt, Egypte (ay-'chip-te) — Egyptenaar (ay-'chip-te-när)
England, Engeland ('eng-e-lant) — Engelsman ('eng-els-man)
Finland, Finland ('fin-lant) — Fin (fin)
France, Frankrijk ('frank-reik) — Fransman ('frans-man)
Germany, Duitsland ('duits-lant) — Duitser ('duit-ser)
Greece, Griekenland ('chree-ke-lant) — Griek (chreek)
Holland, Holland ('ho-lant) — Hollander ('ho-lan-der)
Hungary, Hongarije (hong-chā-'rei-ye) — Hongaar (hong-'chär)
Ireland, Ierland ('eer-lant) — Ier (eer)
Israel, Israël ('is-rä-el) — Israeliet (is-rä-ay-'leet)
Italy, Italië (ee-'tä-lee-ye) — Italiaan (ee-täl-'yän)
Luxemburg, Luxemburg ('lek-sem-berch) — Luxemburger ('lek-sem-ber-cher)
Netherlands, The, Nederland ('nay-der-lant) — Nederlander ('nay-der-lan-der)
Norway, Noorwegen ('nōr-way-che) — Noor (nōr)
Poland, Polen ('pō-le) — Pool (pōl)
Portugal, Portugal ('por-tū-chal) — Portugees (por-tū-'chays)
Rumania, Roemenië (roo-'may-nee-ye) — Roemeen (roo-'mayn)
Russia, Rusland ('res-lant) — Rus (res)
Scotland. Schotland ('sCHot-lant) — Schot (sCHot)
Spain, Spanje ('span-ye) — Spaniaard ('span-yärt)
Sweden, Zweden ('zway-de) — Zweed (zwayt)
Switzerland, Zwitserland ('zwit-ser-lant) — Zwitser ('zwit-ser)
Turkey, Turkije (ter-'kei-ye) — Turk (terk)
Wales, Wales (as in English) — Welshman (as in English)
Yugoslavia, Joegoslavië (yoo-chō-'slä-vee-ye) — Joegoslaaf (yoo-chō-'släf)

GEOGRAPHICAL NAMES

north, noord (nōrt)
east, oost (ōst)
south, zuid (zuit)
west, west (west)

Antwerp, Antwerpen ('ant-wer-pe)
Bruges, Brugge ('bre-che)

Brussels. Brussel ('bre̞-sel)
Delta works, Deltawerken ('del-tã 'wer-ke̞)
Flushing, Vlissingen (vli-sing-e̞)
The Hague, Den Haag (den-'hãch)
Hook of Holland, Hoek van Holland (hook van 'ho-lant)
Rhine, Rijn (rein)

MONEY

In Holland the basic unit of currency is the guilder, which is divided into
100 cents (*centen*, pr. 'sen-te).
   Below are listed the coins in use in Holland and their denominations:

2½ guilder piece	=	de rijksdaalder (reiks-'dalde̞r)
1 cent piece	=	de cent (sent)
5 cent piece	=	de stuiver ('stui-ve̞r)
10 cent piece	=	het dubbeltje ('de̞-be̞l-tye̞)
1 guilder piece	=	de gulden ('che̞l-de̞)

The banknotes in use are: f.5.-, f.10.-, f.25.-, f.100.-, and f.1000.-. The
symbol for the guilder is f.

VOCABULARY

bank, de bank (bank)
bank manager, de bankdirecteur (bank dee-rek-'teur)
cash, to, inwisselen ('in-wi-se̞-le̞)
change (small), kleingeld (klein-'chelt)
change, to, wisselen ('wi-se̞-le̞)
cheque, de chèque (syek)
cheque (traveller's), de traveller's chèque (as in English)
coin, de munt (me̞nt)
draw, to, opnemen ('op-nay-me̞)
letter of credit, de kredietbrief (kre̞-'deet-breef)
money, het geld (chelt)
money exchange bureau, het wisselkantoor ('wi-se̞l-kan-tõr)
note, het bankbiljet ('bank-bil-yet)
rate of exchange, de (wissel)koers ('wi-se̞l-koors)
signature, de handtekening ('hant-tay-ke̞-ning)

Is there a bank near here?   **Is er een bank in de buurt?**

is er e̞n bank in de̞ būrt

Where can one cash a travel-   **Waar kan ik een traveller's**
ler's cheque?   **chèque inwisselen?**

wår kan ik e̞n traveller's chèque 'in-wi-se̞-le̞

Will you cash this cheque,   **Wilt U deze chèque inwisselen?**
please?

wilt-ū 'day-ze̞ syek 'in-wi-se̞-le̞

What is the rate of exchange today?	Wat is de (wissel) koers van- daag?

wat is dę ('wi-sęl) koors van-'dāch

I have a letter of credit	Ik heb een kredietbrief

ik hep ęn krę-'deet-breef

Give me two large notes and some small change	Wilt U me twee bankbiljetten en wat klein geld geven?

wilt-ū mę tway 'bank-bil-ye-tę en wat klein-chelt 'chay-vę

Can you change 100 guilders for me?	Kunt U honderd gulden voor me wisselen?

kęnt-ū 'hon-dęrt 'chęl-dę vōr mę 'wi-sę-lę

I think you have made a mistake	Ik geloof, dat U zich vergist hebt

ik chę-'lōf, dat ū ziCH vęr-'chist hept

TABLES

1 cent	=	5 guilders	=
5 cents	=	10 guilders	=
10 cents	=	25 guilders	=
25 cents	=	100 guilders	=
1 guilder	=	1,000 guilders	=
2½ guilders	=		

NUMBERS

1 = één (ayn)
2 = twee (tway)
3 = drie (dree)
4 = vier (veer)
5 = vijf (veif)
6 = zes (zes)
7 = zeven ('zay-vę)
8 = acht (aCHt)
9 = negen ('nay-chę)
10 = tien (teen)
11 = elf (elf)
12 = twaalf (twālf)
13 = dertien ('der-teen)
14 = veertien ('vayr-teen)
15 = vijftien ('veif-teen)
16 = zestien ('zes-teen)

```
 17 = zeventien ('zay-ve-teen)
 18 = achttien ('aCHt-teen)
 19 = negentien ('nay-che-teen)
 20 = twintig ('twin-tech)
 21 = één en twintig (äyn-en-'twin-tech)
 30 = dertig ('der-tech)
 31 = één en dertig (ayn-en-'der-tech)
 40 = veertig ('vayr-tech)
 50 = vijftig ('veif-tech)
 60 = zestig ('zes-tech)
 70 = zeventig ('zay-ven-tech)
 80 = tachtig ('taCH-tech)
 90 = negentig ('nay-chen-tech)
100 = honderd ('hon-dert)
101 = honderd één (hōn-dert-'ayn)
200 = twee honderd ('tway-hon-dert)
300 = drie honderd ('dree-hon-dert)
```
```
  1,000 = duizend ('dui-zent)
  2,000 = twee duizend ('tway-dui-zent)
  3,000 = drie duizend ('dree-dui-zent)
 10,000 = tien duizend ('teen-dui-zent)
1,000,000 = één miljoen (ayn mil-'yoon)
```

```
  1st = eerste ('ayr-ste)
  2nd = tweede ('tway-de)
  3rd = derde ('der-de)
  4th = vierde ('veer-de)
  5th = vijfde ('veif-de)
  6th = zesde ('zes-de)
  7th = zevende ('zay-ven-de)
  8th = achtste ('aCHt-ste)
  9th = negende ('nay-chen-de)
 10th = tiende ('teen-de)
 11th = elfde ('elf-de)
 12th = twaalfde ('twālf-de)
 13th = dertiende ('der-teen-de)
 14th = veertiende ('vayr-teen-de)
 15th = vijftiende ('veif-teen-de)
 16th = zestiende ('zes-teen-de)
 17th = zeventiende ('zay-ven-teen-de)
 18th = achttiende ('aCH-teen-de)
 19th = negentiende ('nay-chen-teen-de)
 20th = twintigste ('twin-tech-ste)
 21st = één en twintigste ('ayn-en-'twin-tech-ste)
 50th = vijftigste ('veif-tech-ste)
100th = honderdste ('hon-dert-ste)
```

a half = een half (half)
a third = een derde ('der-de)
a quarter = een vierde, een kwart ('veer-de, kwart)

a fifth = een vijfde ('veif-dę)
three-quarters = drie-vierde (dree-'veer-dę)
two-thirds = twee-derde (tway-'der-dę)
an eighth = een achtste ('aCH-stę)
1950 = negentien honderd vijftig ('nay-chen-teen 'hon-dęrt 'veif-tęch)
1967 = negentien honderd zeven en zestig ('nay-chęn-teen 'hon-dęrt 'zay-vęn en 'zes-tęch)
page 63 = bladzijde drie en zestig ('blat-zei-dę dree-en-'zes-tęch)
number 321 = nummer drie honderd één en twintig ('nę-męr'dree -hon-dęrt ayn-en-'twin-tęch)

CONVERSION TABLES

DISTANCE

Kilometres		Miles	Miles		Kilometres
1	approx.	⅝	1	approx.	1·6
2	,,	1¼	2	,,	3·2
3	,,	1⅞	3	,,	4·8
4	,,	2½	4	,,	6·4
5	,,	3⅛	5	,,	8
6	,,	3¾	6	,,	9·6
7	,,	4⅜	7	,,	11·3
8	,,	5	8	,,	12·9
9	,,	5⅝	9	,,	14·5
10	,,	6¼	10	,,	16·1
15	,,	9⅜	15	,,	24·1
20	,,	12½	20	,,	32·2
25	,,	15⅝	25	,,	40·2
30	,,	18¾	30	,,	48·3
35	,,	21⅞	35	,,	56·3
40	,,	25	40	,,	64·4
45	,,	28⅛	45	,,	72·4
50	,,	31⅜	50	,,	80·5
55	,,	34⅜	55	,,	88·5
60	,,	37½	60	,,	96·6
65	,,	40⅝	65	,,	104·6
70	,,	43¾	70	,,	112·7
75	,,	46⅞	75	,,	120·7
80	,,	50	80	,,	128·7
85	,,	53⅛	85	,,	136·8

Kilometres		Miles	Kilometres		Miles
90	,,	56¼	90	,,	144·8
95	,,	59⅜	95	,,	152·9
100	,,	62½	100	,,	161

NB A rough way to convert kilometres to miles: divide the kilometres by 8 and multiply by 5. Eg 32 kms ÷ 8 = 4 × 5 = 20 miles.

Vice versa, to convert miles to kilometres divide by 5 and multiply by 8. Eg 35 miles ÷ 5 = 7 × 8 = 56 km.

LENGTH

Centimetres		Feet Inches	Feet Inches		Centimetres
1	approx.	⅖″	1″ approx.		2·5
5	,,	2″	3″	,,	7·5
10	,,	4″	6″	,,	15
15	,,	6″	9″	,,	22·5
20	,,	8″	1′	,,	30·5
25	,,	10″	1′ 6″	,,	45·5
50	,,	1′ 8″	2′	,,	61
75	,,	2′ 6″	2′ 6″	,,	75
100	(1 metre)	3′ 3″	3′	,,	91·5

ALTITUDE

Metres		Feet	Feet		Metres
25	approx.	82	50 approx.		15
50	,,	164	75	,,	23
75	,,	246	100	,,	31
100	,,	328	250	,,	76
250	,,	820	500	,,	152
500	,,	1,640	1,000	,,	305
1,000	,,	3,281	2,000	,,	610
2,000	,,	6,562	3,000	,,	915
3,000	,,	9,843	4,000	,,	1,220
4,000	,,	13,124	5,000	,,	1,525

NB To convert metres roughly to yards multiply by 12 and divide by 11 Eg 100 metres × 12 = 1,200 ÷ 11 = 109 yards.

LIQUID MEASURES

Litres		Pints and Gallons	Gallons		Litres
1	approx.	1¾ pint	⅛ (1 pint)	approx.	0·57
2	,,	3½ ,,	¼ (2 pints)	,,	1·15
3	,,	5¼ ,,	½ (4 pints)	,,	2·3
4	,,	7 ,,	¾ (6 pints)	,,	3·42
5	,,	1·1 gallons	1	,,	4·5
6	,,	1·3 ,,	2	,,	9·1
7	,,	1·5 ,,	3	,,	13·6
8	,,	1·8 ,,	4	,,	18·2
9	,,	2·0 ,,	5	,,	22·7
10	,,	2·2 ,,	6	,,	27·3
20	,,	4·4 ,,	7	,,	31·8
30	,,	6·6 ,,	8	,,	36·4
40	,,	8·8 ,,	9	,,	40·9
50	,,	11·0 ,,	10	,,	45·5

WEIGHTS AND MEASURES

depth, diepte ('deep-tę)
height, de hoogte ('hōch-tę)
length, de lengte ('leng-tę)
measure, de maat (māt)
measure, to, meten ('may-tę)
thickness, de dikte ('dik-tę)
weight, het gewicht (chę-'wiCHt)
width, breadth, de breedte ('bray-tę)

What is the weight of . . .?
hoo zwär is . . .
What is the depth (height, length, thickness, width) of . . .?
wat is dę 'deep-tę ('hōch-tę, 'leng-tę 'dik-tę, 'bray-tę) van . . .
It is five metres long by ten metres wide
het is veif 'may-tęr lang en teen 'may-tęr brayt

Hoe zwaar is . . .?

Wat is de diepte (hoogte, lengte, dikte, breedte) van . . .?

Het is vijf meter lang en tien meter breed

CONVERSION TABLES
WEIGHTS

Grammes		Ounces	Ounces		Grammes
50 (½ ons)	approx.	1¾	1	approx.	28
100 (1 ons)	,,	3½	2	,,	56
125	,,	4¼	5	,,	142
250 (½ pond)	,,	8¾	8 (½ lb.)	,,	227
500 (1 pond)	,,	1 lb. 1½	12	,,	340
1,000 (1 kilo)	,,	2 lb. 3	16 (1 lb.)	,,	453

Kilos		Pounds	Stones		Kilos
5	approx.	10¾	1 (14 lb.)	approx.	6·35
10	,,	21½	7 (98 lb.)	,,	44·5
15	,,	32¼	8 (112 lb.)	,,	51
20	,,	43	9 (126 lb.)	,,	57
25	,,	54¼	10 (140 lb.)	,,	63·5
30	,,	64½	11 (154 lb.)	,,	70
40	,,	86	12 (168 lb.)	,,	76
50	,,	108½	13 (182 lb.)	,,	82·5
75	,,	162¾	14 (196 lb.)	,,	89
100	,,	220	15 (210 lb.)	,,	95

PRESSURE (TYRES)

Lb. per sq. in.		Kg. per sq. cm.	Kg. per sq. cm.		Lb. per sq. in.
16	approx.	1·12	1·1	approx.	16·0
18	,,	1·27	1·3	,,	18·5
20	,,	1·41	1·4	,,	19·9
22	,,	1·55	1·6	,,	22·8
24	,,	1·69	1·7	,,	24·2
26	,,	1·83	1·8	,,	25·6
28	,,	1·97	2·0	,,	28·4
30	,,	2·11	2·1	,,	29·9

TEMPERATURE

Fahrenheit °F	Centigrade °C	Fahrenheit °F	Centigrade °C
212 (boiling)	100	59	15
104	40	50	10
102	38.9	41	5
101	38.3	32 (freezing)	0

100	37·8	28	−2
98·4 (body)	37	23	−5
97	36·1	18	−8
86	30	12	−11
80	26·7	5	−15
77	25	0	−18
68	20	−4	−20
64	17·8		

CLOTHING SIZES

DRESSES AND SUITS (Women)

British	36	38	40	42	44	46
American	34	36	38	40	42	44
Continental	40	42	44	46	48	50

DRESSES AND SUITS (Junior Miss)

British	32	33	35	36	38	39
American	10	12	14	16	18	20
Continental	36	38	40	42	44	46

MEN'S SUITS AND OVERCOATS

British and American	36	38	40	42	44	46
Continental	46	48	50	52	54	56

SHIRTS

British and American	14	14½	15	15½	16	16½	17
Continental	36	37	38	39	41	42	43

SOCKS

British and American	9½	10	10½	11	11½
Continental	38-39	39-40	40-41	41-42	42-43

HATS

British and American	6½	6⅝	6¾	6⅞	7	7⅛	7¼	7⅜	7½
Continental	53	54	55	56	57	58	59	60	61

SHOES

British and American	3	4	5	6	7	8	9	10
Continental	35	36	37	38	39	41	43	45

STOCKINGS see SOCKS

GLOVE sizes are the same in every country.

REGISTER

INDEX

| HALT sign | All Vehicles Prohibited | STOP Customs | No Parking I on even days II on odd days | Use of Horn Prohibited | Speed Limit |

| DANGER | Tunnel | Loose Chippings | Slippery Road | Cross Roads with minor road | Cross Winds |

| PRIORITY ROAD | END of priority. Give way to traffic from right. | DANGER Give way to traffic from right. (France) | PRIORITY ROAD. | Level Crossing |

| Minimum Speed Limit | END of Minimum Speed | Keep Right | Switch on headlights | Snow Chains or Tyres Compulsory | Cycle path Compulsory |

| First Aid | First Aid | Information | Subway or Bridge | Pedestrian Crossing | Mechanical Help | Filling Station |